시진핑의 중국

100년의 꿈과 현실

이 도서의 국립중앙도서관 출판예정도서목록(CIP)은 서지정보유통지원시스템 홈페이지(http://seoji.nl.go.kr)와 국가
자료공동목록시스템(http://www.nl.go.kr/kolisnet)에서 이용하실 수 있습니다.
CIP제어번호: CIP2018042852

시진핑의 중국

100년의 꿈과 현실

하야시 노조무 지음 | 이용빈 옮김

SHUKIMPEI NO CHUGOKU - HYAKUNEN NO YUME TO GENJITSU

by Nozomu Hayashi

Copyright © 2017 by The Asahi Shimbun Company
First published 2017 by Iwanami Shoten, Publishers, Tokyo
This Korean edition published 2019
By HanulMPlus Inc., Paju-si
by arrangement with Iwanami Shoten, Publishers, Tokyo

차례

서장 | 시진핑의 꿈 ——————————————— 12

1 발흥하는 대국, 물결치는 세계

미중 양국의 공방 ——————————————— 39

2 중국식 발전 모델의 빛과 그림자

3 13억 명을 이끄는 당

중국 약도

우루무치시

신장위구르자치구

깐수성

칭하이성

시닝시 ○ 란

티베트자치구

쓰촨성

○ 라싸시

쿤밍시

윈난성

——	국경선
------	성·자치구·직할시 경계선
○	성도(省都)·구도(區都)
◎	직할시
□	특별행정구

머리말

마이니치신문사의 중국총국은 100년 이상의 역사를 지닌 유서 깊은 곳인 베이징호텔 내에 자리하고 있다. 2012년 1월 특파원으로 베이징에 부임한 필자는 4년 반 동안 낡은 엘리베이터를 이용하거나 평소의 운동 부족을 보충하기 위해 긴 계단을 올라 5층에 위치한 사무실에 도착하곤 했다.

대기오염 때문에 사무실은 거의 창문을 닫고 있었는데 책상 뒤쪽의 창문으로는 베이징을 세로로 가로지르는 창안가(長安街)가 내려다보였고, 머리를 뻗으면 인민대회당의 지붕도 보였다. 톈안먼(天安門)광장과 중국의 지도자가 모이는 중난하이(中南海)도 걸어서 갈 수 있는 거리였다. 베이징을 떠난 후 알게 된 사실인데, 당시 필자는 중국 정치의 중심지와 가장 가까운 곳에 머물렀던 것이다. 다소 늦었지만 기자로서 그런 곳에 직접 있었다는 것이 얼마나 행운이었는지 되새겨본다.

베이징 특파원으로서의 필자의 임기는 시진핑(習近平)이 최고지도자에 취임하기 전날 밤부터 중국공산당의 '핵심'으로 불릴 정도로 권력을 장악할 때까지의 시기와 거의 일치한다. 이 책을 집필하게 된 것은 이 시기에 무슨 일이 일어났는지 회상하며 시진핑과 그가 이끄는 중국이 무엇을 지향했는지를 되돌아보기 위해서이다.

서장에서는 시진핑 지도부가 탄생한 시대적 배경을 개관한 후, 1장에서는 대외 정책을, 2장에서는 중국의 국내 문제를, 3장에서는 중국공산당의 현재와 2017년 가을에 개최된 당대회에 대해 논한다. 책에서는 신문에서는 쓰기 어려웠던 개인적인 견해와 생각을 추가했다. 이 책은 세계의 중심 가운데 하나인 곳에서 그곳의 공기를 마시며 생생하게 현장을 지켜본 기자의 기록이다.

서장.
시진핑의
꿈

'핵심'이라는 높은 위상

2016년 10월 27일 오후, 인민대회당에서는 커다란 박수가 울려 퍼졌다. 중국공산당의 중앙위원 및 후보위원 약 350명이 베이징에 모여 진행한 중국공산당 중앙위원회 제6차 전체회의(6중전회)가 폐막식을 갖는 날이었는데, 4일에 걸친 회의의 성과를 담은 성명이 만장일치로 가결되었던 것이다.

이 성명은 전 세계에 큰 영향을 주었다. 성명에 "시진핑 동지를 핵심으로 하는 당중앙"이라는 말이 들어가 있었기 때문이다. 공산당은 그때까지 "시진핑 동지를 총서기로 하는 당중앙"이라고 표현해왔는데 이 대회를 기점으로 시진핑 총서기를 공식적으로 당의 '핵심'으로 규정했다.

과거에 공산당의 '핵심'으로 불렸던 총서기는 '건국의 지도자'로 불린 마오쩌둥(毛澤東), '개혁개방의 총설계사' 덩샤오핑(鄧小平), 그리고 장쩌민(江澤民) 세 명밖에 없다. 톈안먼 사건으로 실각한 자오쯔양(趙紫

陽)의 후임으로 급거 발탁된 장쩌민의 경우 당시의 최고실력자였던 덩샤오핑이 당의 동요를 막기 위해 '핵심'으로 부르도록 해서 권위를 만들어준 것으로 알려져 있다. 이를 생각하면 뒤에서 자신을 방패처럼 보호해주는 카리스마적 지도자가 없는 시진핑이 총서기에 취임한 지 겨우 4년 만에 마오쩌둥과 덩샤오핑 같은 높은 위치에 섰다는 것은 의미하는 바가 크다.

폐막식이 열리기 2주 전에 베이징에서는 대우 개선을 요구하는 퇴역 군인이 전국에서 집결해 군의 최고 간부들이 사용하는 청사인 '81대루(八一大樓)'를 둘러싸는 소동이 벌어졌다. 미국에서는 대통령선거 운동이 막바지를 맞아 기성 정치를 타파하겠다는 도널드 트럼프가 당시 우세한 것으로 여겨졌던 힐러리 클린턴과 격렬한 싸움을 벌이고 있었다. 군이 재편되고 경제구조가 개혁을 앞둔 중요한 시기이자 전 세계적으로 혼란이 심화되는 상황에서 중국공산당은 시진핑에게 더 큰 권위를 부여함으로써 그의 리더십에 국가의 미래를 맡겼던 것이다.

워싱턴에서 이 소식을 들었던 필자는 시진핑의 빠른 행보에 놀라면서 그가 총서기가 되기 전에 이미 중국공산당은 이런 흐름을 짜놓고 있었을지도 모른다고 생각했다. 그러다 4년 전 시진핑이 총서기 취임을 앞둔 2012년 3월, 역시 인민대회당에서 열린 전국인민대표대회(전국인대)가 생각났다.

시진핑의 방미 직전에 일어난 대형 사건

그 해의 전국인대는 소란스러운 분위기에 휩싸여 있었다. 전국인대 개막을 정확히 한 달 앞둔 2월 6일, 직할시인 충칭(重慶)에서 공안국 장을 맡고 있던 왕리쥔(王立軍)이 돌연 바로 옆 쓰촨성(四川省) 청두(成都) 에 있는 미국 총영사관에 난입하는 사건이 일어났기 때문이다.

재판에서 밝혀진 바에 따르면, 왕리쥔은 1월 말 충칭시의 일인자 인 보시라이(薄熙來) 시당위원회 서기의 부인 구카이라이(谷開來)가 일 으킨 영국인 살해 사건을 둘러싸고 보시라이와 충돌했다.

2월 4일 밤, 왕리쥔의 측근이던 위쥔스(于俊世)의 방문을 받아 상 담을 해주던 남성의 말에 따르면, 당시 보시라이는 격앙되어 왕리쥔을 귀에서 피가 날 정도로 격하게 때렸다고 한다. 보시라이의 오른팔이던 왕리쥔은 자신이 파멸의 낭떠러지에 내몰렸다는 것을 깨달았음에 틀 림없다.

왕리쥔과 그 주변 사람들은 충칭에 있는 영국 총영사관으로 도망 쳐 들어갈 것인지, 베이징으로 가서 당중앙에 보시라이와 부인의 문제 를 직접 보고할 것인지, 언론에 알릴 것인지를 놓고 의견이 분분했다. "보시라이와 중국공산당으로부터 가해지는 압력을 뿌리치고 당신들 을 지켜줄 곳은 미국밖에 없다"라는 이 남성의 의견을 받아들였는지 여부는 알 수 없지만, 왕리쥔은 그로부터 2일 후 시내의 병원에서 진찰 을 받는 척하면서 준비해둔 승용차에 올라타 직접 차를 몰고 약 300km 떨어져 있는 청두의 미국 총영사관으로 향했다.

인구 3000만 명이 넘는 직할시를 관할하는 공안국장이 외국 공관 에 난입했다는 것은 중대한 정치 사건이다. 게다가 당시는 차기 최고 지도자로 내정되어 있던 시진핑 국가부주석이 1주일 뒤 최초로 미국 을 공식 방문하기로 예정되어 있던 때였다. 왕리쥔은 중국과의 관계가 뒤틀어질 리스크도 고려했을 것이다. 미국은 자신을 보호해달라는 왕리쥔의 요구를 거절하고 이튿날 그의 신병을 베이징에서 급히 찾아온 국가안전부 부부장(차관) 추진(邱進)에게 인도했다. 미국의 이러한 대응은 중국공산당 지도부를 기쁘게 했다. 당시 미국 백악관의 국가안전보장회의(NSC)에서 중국 정책을 총괄했던 에반 메데이로스(Evan Medeiros)는 이후 "우리가 사태를 잘 수습해 중국공산당이 어느 정도 정치적 이익을 얻었다"라고 말하기도 했다.

보시라이의 기자회견

보시라이는 그 해 가을 예정된 당대회에서 당의 최고지도부인 정치국 상무위원회 자리를 노렸지만, 그의 정치적인 입장은 이 사건으로 인해 위태로워졌다. 기자들이 중국공산당 지도자를 직접 대면할 수 있는 몇 안 되는 기회 중 하나인 전국인대에서 보시라이의 일거수일투족에 이목이 쏠린 것은 당연한 일이었다. 하지만 보시라이가 입을 타격을 두려워한 탓인지, 충칭시는 성과 직할시가 개최하는 분과회를 좀처럼 공개하려 하지 않았다. 3월 9일 취재가 일부 허락된다는 통지를 받은 것은 회의가 시작되기 1시간 정도 남겨둔 분주한 때였다.

운 좋게 회의장에 들어간 필자는 오직 보시라이의 표정만 응시했다. 긴 회의가 끝나고 취재진과의 질의응답 시간이 되자, 보시라이는 왕리쥔 사건에 대해 "감독이 소홀했기 때문이다. 충칭에서 일어난 문제는 모두 나에게 책임이 있지만, 돌발 사건은 어느 지역에서든 일어난다"라고 말했다. 타고난 큰 목소리를 높이며 해명하는 모습에서는 지도자로서의 위엄을 유지하면서 이 위기를 극복하려는 의지가 느꼈다.

뇌물 사건이 적발되기 직전 전국인대에서 참석한 보시라이(2012년 3월)
자료: 마이니치신문

그러나 기자회견 도중 다가온 직원이 귀에 대고 뭔가를 속삭이자 보시라이의 태도가 일변했다. "긴급 전화가 왔다"라며 자리를 떴다가 몇 분이 지난 후 다시 돌아온 보시라이는 기자들이 아무 말도 하지 않았는데도 "내 아들이 빨간색 페라리를 몰고 다닌다는 엉터리 같은 말을 하는 사람들이 있다. 또 내 아내가 돈을 축재하고 있다고 말하는 자도 있는데, 아내는 집안일에 전념하고 있다. 헌신적으로 내조하는 아내에게 나는 감격하고 있다"라고 격분하듯이 가족을 옹호하기 시작해 그 자리에 있던 사람들을 어리둥절하게 만들었다.

사회자 역할을 했던 부서기는 외국 언론의 기자들에게 질문 기회를 주지 않으려 했지만, 필자는 담당자의 마이크를 거의 빼앗다시피 해서 이렇게 질의했다. "충칭의 발전상은 나도 취재한 일이 있지만, 당신이 충칭 서기가 된 이후부터 후진타오(胡錦濤) 총서기는 한 차례도 충칭을 직접 시찰한 적이 없다. 안타까운 일이라고 생각하는데, 그 이유는 무엇인가?" 이전 당대회가 개최되고 나서 5년 동안 후진타오는 충칭으로 한 차례도 발걸음을 옮기지 않았다. 광둥성(廣東省)을 세 차례나 시찰했던 것과 비교하면 이상한 일이었는데, 이로부터 나는 두 사람 간의 마찰을 읽어냈던 것이다.

보시라이는 웃으면서 목소리를 한층 높여 "진타오 동지는 우리들의 발전 모습을 잘 알고 있다. 나는 가까운 장래에 진타오 동지가 충칭에 올 것이라고 굳게 믿고 있다"라고 대답했다. 당시 필자는 후진타오를 '진타오 동지'라고 부르는 것을 다소 기이하게 생각했는데, 나중에 알고 지내는 중국인 기자로부터 "그것은 상사인 후진타오에게 충칭을 보러 오라고 윽박지르는 것과 같은 거만한 발언"이라는 사실을 전해 들었다.

만천하에 드러난 보시라이의 비리

결국 보시라이는 그로부터 6일 후이자 전국인대가 폐막한 이튿날에 중대한 규율을 위반한 혐의로 충칭시 서기에서 해임되어 실각했으며, 이듬해에는 거액의 뇌물 수뢰 및 직권 남용 등으로 무기징역을 판결받았다.

당의 원로 보이보(薄一波)의 아들인 보시라이는 랴오닝성(遼寧省) 성장(省長)과 상무부 부장을 역임하던 시기에 높은 실적과 주목받는 행동거지로 차기 지도자 물망에 올랐다. 정치국 상무위원으로 베이징에 들어갈 경우 시진핑이나 다른 지도자들과 치열하게 경쟁하며 중국 정치를 좌우할 수 있는 실력을 갖추고 있었다.

그러나 보시라이가 왕리쥔에게 지휘를 맡겼던 '다헤이(打黑)'(범죄 소탕) 캠페인은 법질서를 무시한 채 보시라이에게 비판적인 지역의 유력자를 내쫓는 정쟁 차원에서 전개되었다. 또한 보시라이는 시민들에게 혁명가의 일종인 '창홍가(唱紅歌)'를 부르게 하는 등 문화대혁명을 상기시키는 대중 운동도 펼쳤다. 총리 원자바오(溫家寶) 등이 이를 지목해 우려를 나타낼 정도로 당중앙에서는 보시라이의 최고지도부 입성을 우려하는 목소리가 높아지고 있었다. 왕리쥔의 미국 총영사관 난입 사건은 그런 가운데 발생한 전락극(轉落劇)이었다. 보시라이의 측근 중의 측근이던 왕리쥔이 미국 총영사관에 난입한 것은 중국공산당 내부에서 확대되고 있던 심상치 않은 분위기를 백일하에 드러낸 사건이었다.

태풍 속 시진핑 정권 출범

시진핑은 그 해 11월에 열린 제18차 당대회에서 예정대로 당 총서기에 취임했다. 그로부터 2년 남짓 흐른 2015년 1월 최고지도자로서의 평가와 지반을 다진 시진핑은 당 중앙규율검사위원회 회의에서 보시라이 등의 이름을 거론하며 "어떤 자는 정치적 야심을 키우고 있고, 어떤 자는 자신이 다스리는 장소를 자신의 독립왕국으로 만들어 당중앙에 말도 하지 않은 채 인사와 정책을 행하며 자신들의 파벌을 만든 바 있다. 어떤 자는 당중앙의 이론과 노선에 반기를 들어 비판하고 중앙의 지도자들을 폄하했으며 유언비어를 유포하면서 자신과 의견이 다른 동지를 탄압하려 했다"라고 강하게 비판했다.

그로부터 1개월 전 중국공산당은 후진타오 시대의 당 최고지도부였던 저우융캉(周永康) 전임 당 중앙정법위원회 서기에게 중대한 규율 위반 혐의를 적용해 당적 박탈 처분을 내리고 그를 체포하기로 결정한 바 있었다. 저우융캉은 보시라이와 관계가 깊으며 장쩌민 전 총서기와도 연계된 것으로 알려진 고위급 간부이다. 중국공산당에는 정치국 상무위원회 경험자는 형사소추를 당하지 않는다는 불문율이 있었는데, 시진핑은 이 불문율을 깨고 저우융캉과 보시라이를 함께 준엄하게 처벌했다.

역사는 항상 승자의 편에서 기록되기 마련이다. 그러한 이치에 입각해 논하자면 이러한 시진핑의 발언도, 보시라이 재판에서 밝혀진 일련의 사건의 경위도 어디까지가 진실인지는 알 수 없다. 하지만 시진핑의 이 발언은 중국공산당 지도부 내에서 격렬한 권력 투쟁이 벌어지고 있으며 분열의 낭떠러지에서 크게 요동치고 있다는 것을 말해주고 있다. 이처럼 중국공산당이 '개혁개방 이래 최대의 사건'이라고까지 표현한 태풍 같은 정치 사건이 벌어진 가운데 시진핑은 13억 명의 중국인과 8800만 명이 넘는 중국공산당 당원(2015년 기준)을 이끄는 지도자가 되었다.

왕리쥔이 미국 총영사관에 난입하기 정확히 한 달 전에 베이징에 부임했던 필자는 시진핑이 지도자로 아슬아슬하게 등장했을 때부터 시진핑이 덩샤오핑 이래의 강력한 지도자라는 평가를 굳히기까지의 과정을 중난하이 부근에서 살펴보는 행운을 얻었다. 중국이 지금은 해양 문제 등에서 강경한 자세를 취하고 신경제질서를 구축하려는 의욕을 명백히 하는 등 자신감에 찬 모습을 보이고 있지만, 돌이켜 생각해보면 탄생 당시 시진핑 지도부를 지배한 것은 강한 위기감이었다. 그리고 시진핑과 그 측근들은 그러한 위기감을 계속 안고 있는 상태이다. 자신감 이면의 깊은 불안과 공포를 간과한다면 시진핑 지도부의 행태를 제대로 이해하기 어려울 것이다.

첫 선을 보인 신지도부

시진핑이 중국공산당의 최고지도자인 총서기에 취임한 것은 2012년 11월 15일의 일이다. 신문 기사에는 뭉뚱그려 "당대회에서 지도부가 교체되었다"라고 보도했는데, 정확하게 말하자면 당대회에서 선출되는 것은 새로운 당 중앙위원과 중앙후보위원이며, 당의 지도부에 해당하는 정치국 상무위원과 정치국원은 당대회가 폐막된 다음날에 열리는 당 중앙위원회 제1차 전체회의(1중전회)에서 선출된다.

베이징의 인민대회당에서 1중전회가 끝난 후에는 새로운 정치국 상무위원이 나란히 얼굴을 드러내며 기자회견을 갖는데, 취재진에게 이 기자회견은 일련의 당대회 취재를 마무리 짓는 하이라이트 행사이다. 전 세계에서 모여든 언론은 새로운 상무위원의 모습을 취재하기 위해 치열하게 경쟁하는 한편 중국 권력구조의 정점에 서 있다가 이제 물러나는 사람들의 표정에 주목하게 된다.

이 날 똑같은 검은색 양복을 입고 입장한 7명 상무위원의 면면을 살펴보니, 리커창과 위정성(俞正聲)은 사근사근하게 기자에게 손을 흔들고, 왕치산(王岐山)은 유연한 자세를 취하며, 장가오리(張高麗)는 긴장한 기색을 숨기지 않는 등 각양각색이었다. 그리고 그들을 이끌었던 시진핑은 "오랫동안 기다리셨습니다"라며 여유로운 표정으로 마이크

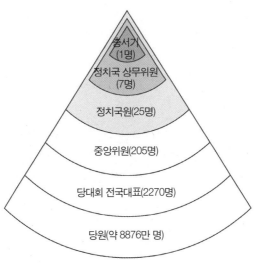

중국공산당 조직도

총서기
(1명)

정치국 상무위원
(7명)

정치국원(25명)

중앙위원(205명)

당대회 전국대표(2270명)

당원(약 8876만 명)

주: 인원은 2012년 당대회 선출 당시 기준이며, 당원 수는 2015년 말 기준임.

앞에 서서 취임 인사말을 했다. 시진핑은 열강이 침략했던 중국의 고난의 역사를 회상하면서 더욱 풍요롭고 강력한 중국을 실현하기 위해 인민에게 위탁받은 책임과 사명을 수행해갈 것이라는 포부를 밝혔다. 기자회견이라기보다는 새로운 최고지도부가 첫 선을 보이고 결의를 표명하는 장이라는 편이 맞겠지만, 보시라이 사건이 일으킨 격렬한 풍파 속에서도 새로운 체제가 태동했다는 안도감이 흘렀다.

후진타오가 시진핑에게 당부한 것

하지만 이 기자회견을 하기 직전 인민대회당에서 중요한 사건이

제18대 당대회 이후 첫 선을 보인 새로운 당 최고지도부(2012년 11월)
자료: 왼쪽부터 장가오리(張高麗), 류윈산(劉雲山), 장더장(張德江), 시진핑(習近平), 리커창(李克强), 위정성(俞正聲), 왕치산(王岐山)

있었다는 사실을 필자는 그로부터 수년이 지나고 나서야 알게 되었다. 다음은 베이징의 외교 소식통으로부터 들은 것으로, 그 장소에 함께 있던 관계자가 증언한 내용이다.

당시 1중전회가 폐막한 이후 새롭게 선출된 7명의 정치국 상무위원과 은퇴한 상무위원, 그리고 일부 당 원로는 다 같이 모여 회의를 열었다. 정계의 일선에서 물러나는 지도자들의 노고를 치하하기 위해 개최되는 의례적인 회의였는데, 회의가 끝날 때 총서기의 자리를 이제 막 내려온 후진타오가 천천히 손을 들어 "한 마디 하고 싶다"라고 말했다. 후진타오는 "나는 여러 가지 방해를 받아 본래 하고자 했던 일을 충분히 이루지 못했다. 향후에는 시진핑 총서기를 중심으로 당이 단결하기를 바란다"라고 담담한 어조로 말했다. 10년 전 장쩌민이 총서기에서 물러난 이후에도 당 중앙군사위원회 주석에 머무르는 등 권력을 수중에서 놓지 않고 계속해서 당내에 은연중에 영향력을 미쳤던 것에 대한 통렬한 비판임이 명백했다.

실내가 쥐 죽은 듯 조용해진 가운데 후진타오의 발언을 이어받은 시진핑은 "대단히 중요한 발언이다"라고 말했고, 총서기의 직위와 중앙군사위원회 주석의 직위를 모두 시진핑에게 건네주고 '완전 은퇴'를 결정한 후진타오의 결단을 칭송했다고 한다.

덩샤오핑이라는 카리스마적 리더를 잃은 이후 중국공산당은 당 정치국 상무위원이 각각의 담당 분야에서 커다란 권력과 책임을 지는 '집단지도체제'를 강화해왔다. 이는 신중국을 세운 혁명 세대의 지도자와 달리, 절대적인 구심력을 갖고 있지 않은 새로운 세대의 지도자가 중국을 이끌어가기 위한 틀이었으며, 또한 마오쩌둥이 만년에 문화대혁명을 발동해 국가를 혼란에 빠뜨렸던 것과 같은 권력 집중의 위험을 방지하기 위한 지혜이기도 했다.

그러나 사회와 경제가 갈수록 복잡해지고 국내외 정세도 빠르게 변화하는 상황에서는 지도부 내의 의견 일치를 원칙으로 하는 의사 결정 시스템으로 인해 '결정되지 않는 정치'의 폐해가 두드러졌다. 장쩌민이 권력을 수중에서 놓지 않으려 하자 그의 아래로 모여든 세력과 후진타오 등의 세력 간에 갈등이 끊이지 않았다. 보시라이와 저우융캉의 사건은 그러한 당내의 균열이 구제하기 어려울 정도로 심화되었음을 보여주는 것이기도 했다. "시진핑을 중심으로 당은 단결하라"라는 후진타오의 발언은 전 지도자가 시진핑 지도부에 남긴 최대의 교훈이자 숙제였다고 할 수 있다.

대대적인 반부패 캠페인

그로부터 2일 후, 새로운 당 정치국이 처음으로 개최한 학습회에서 시진핑은 관료에게 만연한 부패 문제를 다루면서, 지금 해결하지 않으면 "당도 국가도 망한다"라고 말했다. 시진핑은 그 이후 중국공산당의 역사에 전례가 없을 정도로 강력하게 '반부패' 캠페인을 추진함으로써 강력한 지도자로서의 평가를 굳혔다.

시진핑이 총서기에 취임한 지 약 1개월 후인 2012년 12월 13일, 중국공산당은 쓰촨성의 리춘청(李春城) 부서기가 중대한 규율을 위반해 해임시켰다고 밝혔다. 이는 반부패 캠페인의 신호탄으로, 이후 4년 동안 각료와 성장급의 거물만 해도 100명 이상, 지방의 중견 간부까지 합하면 약 10만 명이 처분되었다.

중국공산당이 '반부패'를 제창한 것은 처음은 아니다. 하지만 시진핑은 "호랑이도 파리도 함께 제압하라"라고 명령하면서 중앙의 고관이든 지방의 소관이든 모두 적발하는 '예외 없는 반부패'를 제창했다는 점에서 차이가 있다. 이러한 반부패 캠페인의 조준점 가운데 하나는 저우융캉이었다. 전술한 바와 같이 신중국이 수립된 이래 정치국 상무위원을 거친 자가 부패 문제 등으로 적발된 전례는 없었다. 당의 최고 지도부에까지 부패가 파급된 실태를 밝히는 것은 중국공산당으로서는 타격이 크기 때문에 시진핑 지도부가 거기에까지 손을 댈 것이라고 믿는 사람은 적었다.

시진핑 지도부의 '반부패'가 이러한 상식을 깬다는 사실이 확실해진 것은 2014년 6월, 후진타오 지도부에서 군 일인자였던 쉬차이허우(徐才厚) 전 당 중앙군사위원회 부주석이 수뢰 혐의로 적발되었을 때부터라고 할 수 있다. 쉬차이허우는 후진타오 지도부의 중추였던 고위급 간부이자 장쩌민이 뒤에서 강력한 방패 역할을 한다고 알려져 있던 인물이다. 그러한 의미에서 쉬차이허우를 적발한 것은 후진타오와 장쩌민 쌍방의 권위에 상처를 입힌 것이었다. 하지만 시진핑의 가차 없는 처벌 단행은 '예외 없는 반부패'의 철저한 의지를 증명하는 것임과 동시에, 시진핑이 당내의 반발과 동요를 억누를 정도의 정치력을 축적하고 있음을 보여주는 것이기도 했다.

반부패 조치에 대한 홍이대의 환호

단지 호소에 그치지 않는 이 같은 강력한 조치는 간부들의 심각한 부패에 불만을 품고 있던 인민들과 '홍이대'라고 불리는 사람들로부터 열광적인 지지를 얻었다. 홍이대란 항일전쟁 및 중국국민당과의 내전에서 싸웠던 혁명 세대의 지도자를 조상으로 삼는 당 관계자들을 지칭한다. 좁은 의미로는 마오쩌둥 주석과 저우언라이(周恩來) 총리가 직접 임명한 '부급(部級)·성급(省級)'(각료와 성장급)의 간부와, 1955년에 처음으로 군의 계급이 제정되었을 당시 소장(少將) 이상이던 군 간부의 자제를 지칭한다.

그 수는 약 3000명으로 간주되는데, 실제로는 더욱 폭넓으며 개혁개방의 시대 이전에 당중앙 간부였던 이들의 자제를 지칭하는 경우도 많다. 중국인 사업가들은 홍이대를 '중국공산당 주식회사'의 창업자로, 개혁개방 이후의 간부들을 자수성가한 공무원으로 비유하며 양자의 관계를 설명해주기도 했다.

홍이대의 정치적인 입장은 개혁파부터 보수파까지 폭넓으며, 그들의 부모들 간에는 과거의 노선 대립으로 인해 서로 적대했던 사람들도 적지 않다. 그들을 결속시킨 것은, 중국공산당과 신중국은 자신들의 부친과 조부가 피와 땀을 흘려 세웠다는 강력한 자부심과, 개혁개방 이후 두각을 드러낸 간부들이 부와 권력을 제멋대로 행사하며 당을 추락시키고 있다는 강한 불만이었다.

항일전쟁 때 중국공산당에 입당해 부총리까지 오른 시중쉰(習仲勳)의 아들인 시진핑은 더없이 확실한 홍이대 가운데 한 사람이다. 당 중앙규율검사위원회 서기로서 반부패의 지휘를 맡고 있는 왕치산도 야오이린(姚依林) 전 부총리의 사위로, 홍이대의 대표격으로 간주되고 있다. 이러한 시진핑과 왕치산이 중심이 되어 부패한 간부들을 차례로 적발해가는 모습에 홍이대와 인민들은 맺혔던 응어리가 풀려 갈채를 보냈던 것이다.

시진핑이 총서기에 취임한 지 6개월이 지난 2013년 봄, 필자는 현역인 당 중앙위원 가운데 한 명과 대화할 기회를 얻었다. 어느 당 기관의 사무실에서 당시 막 시작되고 있던 반부패에 대해 이야기를 나누던 중에 그가 "예상을 뛰어넘는 그의 강력함에 총서기를 선출한 우리 자신도 놀라고 있다"라고 털어놓은 것이 인상적이었다. 당 내부에 퍼지고 있는 당시의 분위기를 단적으로 보여주었기 때문이다.

반부패에 대한 기대감은 2014년 7월, 중국공산당이 저우융캉의 입건을 발표했을 때 정점에 달했다. 전술한 바와 같이, 저우융캉은 2014년 12월에 당적 박탈과 형사 소추 처분이 결정되었고 거액의 수뢰와 국가기밀 누설죄로 기소되어 이듬해 6월 무기징역의 실형 판결을 받았다. 후진타오 지도부에서 권세를 과시했던 지도자가 백발의 모습

법정에 출석한 저우융캉(2015년 6월)
자료: 중국 CCTV

으로 피고인석에 서 있는 영상은 충격적이었다.

최초의 공판에서 판결까지는 겨우 3주일밖에 안 걸렸다. 범죄 사실의 일부가 국가기밀에 관계된다고 해서 심리의 내용은 거의 공개되지 않았으며, 보시라이와의 관계 등 정치 사건으로서의 측면은 일절 밝혀지지 않았다. 권력 투쟁과 지도부 분열의 생생한 광경이 사회에 노출되는 것을 피하고 당의 체면을 유지하려 했던 것으로 보인다. 하지만 당의 전례를 깨뜨리고 정치국 상무위원을 지낸 사람을 형사 소추한 것은 당 내외에서의 시진핑에 대한 평가와 권위를 높이는 데 충분히 효과가 있었다. 전례 없는 엄격한 반부패가 가능했던 이유는 시진핑의 수완이 뛰어났기 때문이기도 하지만, 부패한 당에 과감한 수술을 시행하고 산적한 난제에 신속하게 대응하는 강력한 리더십의 출현을 요구하는 인식이 당내에 폭넓게 존재했기 때문이기도 하다. 보시라이 사건의 격한 진동 속에서 중국의 방향타를 위임받고 당의 재생을 위탁받은 시진핑은 당의 기대에 부응하는 모습을 보였다. 시진핑이 마침내 '핵심'으로 추대되어 홀로 솟은 봉우리처럼 우뚝 선 존재가 될 수 있었던 것도 당을 뒤덮고 있던 심각한 위기의식과 결부되어 있었던 것으로 필자는 간주한다.

반부패의 부작용

하지만 저우융캉의 입건을 경계로 반부패를 수용하는 사회 분위기도 조금씩 변화되었다. 시진핑 지도부는 그 이후에도 후진타오 전 총서기의 최측근이던 링지화(令計劃) 전 당 중앙판공청 주임 등 고위급 간부를 적발했는데, 이를 받아들이는 사회 분위기에 이전과 같은 경악과 열기는 없었다. 해당 조치에 대해서는 지지하면서도 끊이지 않고 검거되는 중앙 및 지방 간부들의 실태에 인민들은 아연실색했으며, 중국공산당의 부패 현황이 구제하기 어려운 수준이라는 인식이 심화되는 양상도 나타났다.

당내에는 일명 '반부패 피로' 현상이 확산되었다. 관료들은 자신도 언제 밀고되어 검거될지 알 수 없다는 공포감 때문에 출장과 연회 등을 자숙하게 되었고 동료끼리 속마음을 말하거나 업자와 접촉하는 일도 과도하게 피했다. 업무에서 실적을 쌓기보다 보신을 도모하는 등 중앙 및 지방 간부의 의욕과 적극성이 저하되는 문제에 더해, 가혹한 단속이 당과 군에 은밀한 반발을 축적시킬 위험이 있다는 지적도 제기되었다.

　시진핑 체제가 발족한 후 3년 동안 반부패는 시진핑의 권력 기반을 공고히 하는 데 커다란 역할을 수행했다. 하지만 반부패의 정치적인 효과가 한계를 드러내는 가운데 이러한 구심력을 어떻게 유지해나갈 것인가라는 과제가 다시 당 지도부를 짓누르고 있다.

L자형 경제성장 예고

　2016년 5월, 중국공산당 기관지 ≪인민일보(人民日報)≫는 1면부터 2면에 걸쳐 '어느 권위 있는 인사'에 대한 인터뷰 형식으로 장문의 기사를 게재했다. 중국의 경제성장이 둔화되고 있는 현상과 향후 전망에 대해 기사는 "종합적으로 판단해볼 때 중국의 경제(성장률)가 U자형으로 (회복되면서) 나아가는 일은 있을 수 없다. V자형으로 회복하는 것은 더욱 있을 수 없으며, 향후에는 L자형의 경제성장이 지속될 전망이다. 이 L자형은 여러 단계 가운데 하나로, 1~2년 안에 다른 단계로 넘어갈 수 있는 것이 아니다"라고 전망했다.

　이 권위 있는 인사는 불안정한 주식 시장, 철강 등의 과잉 생산, 금융 기관이 안고 있는 불량 채권, 정부의 지원으로 연명하고 있는 '좀비 기업' 등의 문제를 언급하면서, 중국 경제가 커다란 전환점에 서 있다는 인식을 보였다. 그리고 중국 경제가 성장의 양보다 질을 제고시키는 '신창타이(新常態)'에 진입했다는 인식하에 침착하고 묵묵하고 착실하게 구조 개혁을 추진해가는 것이 중요하다고 말했다.

　당 중앙선전부가 면밀하게 사전 점검하는 ≪인민일보≫의 1면과

2면에 이러한 기사가 게재되었다는 것은 중국공산당 지도부의 의도를 반영하고 있음이 분명하다. 이 기사는 큰 주목을 끌었고 권위 있는 인사가 누구인지가 화제가 되었는데, 전문가와 외교 소식통 사이에서는 시진핑이 매우 신뢰하는 인물이자 경제 운영의 핵심 인물인 류허(劉鶴) 당 중앙재경영도소조판공실 주임일 것이라는 견해가 지배적이었다. 어쨌든 'L자형'이라는 표현은 점진적인 고도 경제성장이 끝나고 안정적인 '중고속 성장'을 지향하는 국면에 진입했다는 중국공산당 지도부의 시대 인식을 선명하게 보여주었다.

중국공산당에 닥친 위기

중국공산당은 문화대혁명으로 전국의 사람들을 커다란 정치적 혼란에 빠트렸고, 1989년 톈안먼에서 민주화를 요구하던 학생 등에게 총탄을 퍼부었던 어두운 역사를 갖고 있다. 그럼에도 그들이 13억 명의 인구를 계속 지배하고 있는 데에는, 구미 열강과 일본의 침략에 저항하고 국민당과의 내전에서 승리해 중국을 분열과 쇠퇴로부터 구해냈다는 '역사'와, 가난에 허덕이고 있던 사람들을 개혁개방으로 풍요롭게 하고 중국을 세계 제2의 경제대국으로 끌어올렸다는 '발전'의 실적이 크게 작용했다.

필자가 1990년대 말 베이징에 거주하던 당시 중국은 이른바 초고속 경제성장의 중심에 있었다. 지금과 달리 자가용을 보유한 사람도 매우 적었고 넓은 간선 도로를 벤츠와 마차가 함께 달리는 광경이 연출되는 시대였는데, 나의 중국 친구들은 당시 좋아하는 음식을 먹고

원하는 옷을 구매하고 국내 여행을 대수롭지 않게 갈 수 있게 된 것이 꿈만 같다고 말하곤 했다. 당시에도 중국은 다양한 모순과 문제를 안고 있었지만, 인민이 자신의 행복도를 측정하는 기준은 가난했던 자신의 과거였으므로 당시의 생활에 대체로 만족했던 것이다.

그러나 그 이후 빈부의 격차가 확대되고 개혁개방 이전의 가난을 알지 못하는 세대가 증가하는 가운데, 사람들의 비교의 대상은 같은 시대에 태어났으나 자신보다 혜택을 많이 받은 사람들로 변하게 되었다. 더 큰 풍요로움을 추구하는 중국인들의 활력은 중국의 성장을 밑받침하는 원동력이지만, 격렬한 경쟁이 초래하는 스트레스, 여전히 '관시(關係)'+가 사안을 좌우하는 사회에 대한 불만, 실패했을 때의 안전망이 정비되어 있지 않다는 불안 등이 꾸준히 심화되어왔다.

중국공산당은 자신들이 중국을 계속 지배하는 이유를 파악하고 정권의 정통성을 다시 확고히 할 필요에 내몰리고 있다. 이는 정권을 선택하는 민주 선거제도가 부재한 중국공산당의 숙명이라고도 할 수 있다. 정권을 밑받침하는 두 바퀴 가운데 하나인 경제에 문제가 생기면 마이너스 경제에 대한 반발 에너지가 분출해 중국공산당을 향해 창끝이 겨누어지기 때문이다.

중국공산당이 안고 있는 위기감은 내부의 분열에만 그치지 않았으며 경제 운영은 오히려 그 이상으로 험난한 고비를 맞고 있었다. 초고속 성장에서 중고속 성장으로, 점진적인 성장에서 L자형의 성장으로 향하는 경제 상황하에서 환경 문제, 고령화 등의 당면한 과제를 해

+ 관시란 관계를 의미하며, 관시문화는 경쟁 상황에서 인맥을 이용해 부적절하게 이권을 획득하는 문화를 뜻한다. _옮긴이

결하면서 경제구조를 개혁하고 경제를 안정적인 성장궤도에 연착륙시키기란 쉽지 않은 일이었다. 기득권을 지닌 사람들과 조직의 저항을 억누르면서 이제까지 경험한 적 없는 개혁과 실험을 속도감 있게 성취해내지 않으면 안 되었다. 시진핑이라는 강한 리더가 부상한 배경에는 그러한 시대적 요청도 있었음이 틀림없다.

청사진으로 제기된 두 개의 100년

시진핑은 말도 행동도 잘하는 지도자이다. 그는 경제개혁, 농촌 문제, 군의 재편, 외교, 반부패, 인터넷 관리, 식품 안전 등 일련의 새로운 방침과 정책을 제기하면서 '중요 강화(重要講話, 중요한 담화)'를 반복해왔다. 필자는 그러한 담화를 취재하는 데 여념이 없어 시진핑의 발언 하나 하나를 음미할 여유가 없었다. 그런데 시간이 지날수록 그의 발언이 무게감 있게 부상하고 있다.

신지도부가 발족한 지 2주일 뒤인 2012년 11월 29일 시진핑은 정치국 상무위원을 전원 이끌고 톈안먼광장에 면해 있는 중국국가박물관을 방문했다. 아편전쟁 이래 청일전쟁, 신해혁명, 항일전쟁, 중국국민당과의 내전을 거쳐 신중국을 수립하고 중국공산당 정권 아래에서 비약적인 경제 발전을 실현하며 다시 세계 대국으로서의 지위를 되찾은 그간의 역사를 소개하기 위해 정권이 특별히 공을 들여 4년 넘게 준비한 전시를 참관하기 위해서였다.

국영매체는 7명이 검은색 점퍼와 재킷을 입은 검소한 차림으로 전시를 관람하는 모습과 더불어 시진핑이 그들에게 중요 강화를 한 내용을 대대적으로 보도했다. 이 연설은 시진핑의 정치 이념을 탐구하고 오늘날 중국의 행태를 이해하고 향후의 움직임을 전망하는 데 매우 중요하므로 전문을 인용한다.

　개혁개방 이래 우리들은 역사를 총괄하고 고통 속에서도 탐구를 계속한 끝에 중화민족의 위대한 부흥을 실현하기 위한 올바른 길을 찾아냈다. 우리들은 이제까지의 어떤 시대보다도 중화민족의 위대한 부흥이라는 목표에 근접하고 있다. 모든 당원은 가슴에 새기기 바란다. 낙후하면 두들겨 맞게 되며 강해지기 위해서는 발전을 계속하지 않으면 안 된다는 것을, 올바른 길을 찾아내는 것이 얼마나 엄청난 일이었는지를 말이다. 우리들은 미혹됨 없이 이 길을 나아간다. 지금 많은 사람이 중국의 꿈을 말하고 있다. 나는 중화민족의 위대한 부흥 자체가 근대화 이래 중화민족이 지향해왔던 가장 위대한 꿈이라고 생각한다. 한 사람 한 사람의 미래와 운명은 국가와 민족의 앞날이나 운명과 깊게 결부되어 있다. 국가가 발전하고 민족이 발전하면 한 사람 한 사람 모두 발전하게 된다. 중화민족의 위대한 부흥을 실현하는 것은 영광된 일이지만 이루기 쉽지 않은 사업이다.

‘중화민족의 위대한 부흥’은 시진핑이 그 이후 수차례나 반복한 핵심어인데, 그 용어는 후진타오 전임 총서기나 다른 지도자들도 사용해왔다. 시진핑은 이를 ‘중국의 꿈[中國夢]’으로 규정한 후, 이를 실현하는 것이 중국공산당의 사명이자 중국공산당이 중국을 계속 이끄는 이유라고 설명했다. 시진핑은 강화의 마지막에 이렇게 덧붙였다.

나는 굳게 믿고 있다. 중국공산당의 수립부터 그 후 100주년까지는 소강사회(小康社會)의 전면적인 달성이라는 목표를 실현할 것임을. 그리고 신중국의 수립부터 그 후 100주년까지는 번영되고 강력하고 민주적이고 문명적인 조화로운 사회주의 현대화 국가를 만든다는 목표를 실현하고 중화민족의 위대한 부흥의 꿈을 반드시 실현할 것임을.

당을 견인하는 새로운 담론

'두 개의 100년'을 둘러싼 이 발언은 이제 막 출범한 시진핑 지도부의 공약이라고도 말할 수 있다.

소강사회란 중국의 역대 지도부가 지향해왔던 사회로, 인민이 여유 있는 생활을 하는 상태를 말한다. 여기서의 여유는 경제적 여유를 지칭하는 측면이 강하지만, 정신적 여유와 행복감 등의 잣대도 포함되어 있다. 시진핑은 우선 중국공산당 수립 100주년인 2021년까지 중국 전체에서 소강사회를 달성할 것이라고 단언했다. 시진핑은 적어도 2022년 당대회까지는 총서기를 맡을 예정이므로 재임 중에 결과를 내지 않으면 안 된다. 후술하겠지만, 시진핑 정책의 최대 역점은 이 목표를 달성하는 것이라고 할 수 있다.

그리고 시진핑은 1949년 신중국 수립으로부터 100주년이라는 또 하나의 시간축을 제기했다. 중화인민공화국 수립 100주년이 되는 2049년까지 중국이 더욱 높이 서기 위한 길을 닦는다고 선언했던 것이다. 이 목표가 달성되면 '중화민족의 위대한 부흥'이라는 꿈이 완성되는 것이라고 밝혔는데, 시진핑이 내세우는 '번영되고 강력하고 민주적이고 문명적인 조화로운 사회주의 현대화 국가'의 이미지는 다소 막연해 정확히 파악하기 어렵다. 중국 국내에서도 그 정의를 둘러싼 본격적인 논의는 시작되지 않고 있으며, 시진핑 자신도 현 단계에서 그 이미지를 확실히 묘사하지는 않고 있다.

싱가포르 건국의 아버지라고 일컬어지는 리콴유(李光耀) 전임 총리가 덩샤오핑 등과 같은 중국의 객가(客家) 출신이라는 것은 잘 알려져 있다. 중국공산당의 역대 지도자들은 리콴유에게 두터운 신뢰를 보였는데, 특히 개혁개방 이후 실질적인 일당 지배하에서 눈부신 경제성장을 실현한 싱가포르의 경험을 배우고자 했다. 리콴유는 생전에 그레이엄 앨리슨(Graham Allison) 하버드대학교 교수와의 인터뷰에서 다음과 같이 말했다.

4000년의 역사와 13억 명의 인구, 그리고 재능이 풍부한 인재 풀을 갖고 있는 그들이 아시아의 넘버원, 세계의 넘버원을 지향하지 않을 이유는 없다.

중요한 것은 시진핑 지도부가 소강사회라는 눈에 보이는 10년 후의 '꿈'에 더해, 그보다 훨씬 앞선 과거에 압도적인 문명의 힘으로 아시아에 군림하면서 광대한 판도를 과시했던 시기를 언급하면서 중국인들에게 깊이 호소하는 장대한 '꿈'을 내세웠다는 점이다. 그 꿈은 막연하기 때문에 중국인들에게는 매혹적인 반향을 일으키는 한편 주변 국가들에는 곤혹감과 경계심을 유발시킨다. 사실 시진핑도 중국공산당도 '100년의 꿈'을 엄밀하게 정의내릴 의향은 없어 보이며, 자신들에게도 그 꿈의 도달점은 보이지 않는 것처럼 보인다. 그들은 이 용어를 정치 상황과 국제 상황에 따라 느슨한 형태로 해석하면서 정권의 정통성을 뒷받침하는 말로 이용하는 것으로 보인다.

　이러한 애매함과 긴 시간축은 일본의 정치문화와 일본인의 사고방식에서는 별로 볼 수 없다. 대두하는 대국의 종잡을 수 없는 모습에 주위의 국가들은 당혹해하고 휘둘리기도 하지만, 그들이 지향하는 '100년의 꿈'이라는 광범위한 방향에 입각해 눈앞에서 일어나고 있는 현상들을 살펴보는 것은 중국을 이해하는 데 매우 유용할 것이다.

1

발흥하는 대국,

물결치는 세계

미중
양국의
공방

독특한 스타일의 미국 대통령 탄생

2017년 1월 20일 제45대 미국 대통령의 취임식을 맞은 워싱턴은 묘한 분위기에 휩싸였다. 예비선거와 본선거에서 유력한 경쟁자들을 제치고 당선된 뉴욕의 부동산왕 도널드 트럼프의 지지자들은 환호성을 올리는 한편, 그의 배타적인 이민 정책과 여성 비하적 발언에 반발하는 사람들은 이른 아침부터 시내 각지에 모여 "당신은 우리의 대통령이 아니다(Not My President)"라며 항의를 계속했으며 일부 과격한 사람들이 차량을 방화하고 식당의 유리를 깨뜨리는 소동도 벌어졌다. 이날의 워싱턴은 새로운 대통령의 탄생을 축복하기보다 양분된 미국의 현주소를 가감 없이 보여주었다고 할 수 있다.

엄지손가락을 세우며 득의양양한 포즈로 취임식 단상에 나타난 트럼프는 선서를 한 후 비가 내리기 시작하는 가운데 대통령으로서 최초의 연설을 했다.

우리나라의 국부와 국력은 물론 정체성까지 수평선의 피안에서 사라지고 있는 동안, 우리는 다른 국가를 부유하게 만들어버렸다. …… 우리나라 중산계급의 부는 그들의 가정으로부터 떼어져 세계 속에 흩뿌려졌던 것이다. 우리의 기업을 빼앗고 고용을 파괴하고 있는 국가들로부터 우리의 국경을 지키지 않으면 안 된다.

이는 워싱턴에서 장기간 국가를 움직여왔던 정치가와 기존의 언론, 학자 등을 '기득권층(establishment)'이라고 부르면서 적대시하고 미국 내 산업이 쇠퇴한 이유는 외국 기업이 자국 정부의 부정한 환율 조작과 조성에 의해 지켜졌기 때문이라는 선거 캠페인 당시의 주장을 그대로 옮긴 것이었다. 이제까지 미국의 대통령들이 강조해왔던 민주주의와 자유, 인권은 직접적으로 언급하지 않은 채 "우리와 다른 누군가에게 우리들의 생활 방식을 강제하는 일은 하지 않는다"라는 트럼프의 발언은 이상을 세계에 펼치는 것보다 신변의 문제에 대처하는 것이 먼저라는 적잖은 미국인들의 목소리를 대변한 것인지도 모른다.

정계와 언론이 선거에서 당선될 가능성이 전혀 없는 후보자로 취급했던 트럼프가 대통령으로 선출된 이유 중의 하나는 글로벌리즘의 파도로 제조업이 쇠퇴하자 일자리를 잃고 중간층으로부터 미끄러져 나락으로 떨어진 노동자들이 분노했기 때문인 것으로 여겨진다. 트럼프가 취임 연설에서 말했던 것처럼 "폐쇄된 공장들이 묘석처럼 이 국가에 늘어나고 있"는 광경은 워싱턴이 간과해온 미국의 하나의 실상이었다. 이는 미국이 안고 있는 심각하게 뒤틀린 현실을 반영하는데, 트럼프는 허덕이고 있는 사람들에게 교묘한 수법으로 해방감을 선사하며 이들을 정치적으로 취했던 것이다.

　　트럼프는 대통령에 취임하자마자 환태평양경제동반자협정(TPP) 영구 탈퇴, 멕시코 국경에 장벽 건설 등 공약으로 내세웠던 정책의 실행을 지시하는 대통령령에 차례로 서명했다. 이민자, 외국 기업, 언론 등 알기 쉬운 적을 만들어내고 대립을 부채질하는 정치 수법은 선거가 끝난 이후에도 기본적으로 변함없었다. 자신을 지지했던 사람들의 기대에 부응하기 위해 '미국 제일주의'를 내세우고 외교를 거래라고 단언하는 대통령의 탄생은 국제사회에 매우 큰 충격을 주었고, 향후 세계의 행방을 좌우하는 중국과의 관계 또한 예측할 수 없는 유동적인 국면에 진입했다.

시진핑의 첫 미국 방문

　　세계 제2의 경제대국이 된 중국으로서는 자신의 앞을 걷고 있는 유일한 초강대국 미국과의 관계가 가장 중요한 외교 과제임은 말할 필요도 없다. 시진핑 시대의 미중 관계가 어떠했는지 잠시 살펴보자.

　　2012년 2월 국가부주석이던 시진핑은 중국의 차기 최고지도자로서 첫 방미 일정을 소화했다. 당시 시진핑은 5일 동안 수도 워싱턴에서 로스앤젤레스까지 미국을 횡단하면서 빡빡한 스케줄로 정치가와 재계 인사들을 정력적으로 만났는데, 이는 차기 지도부가 대미 관계를 얼마나 중시하고 있는지를 보여주었다. 그중에서도 중서부 아이오와 주에 있는 인구 2만 명 규모의 작은 도시 머스커틴을 방문한 것은 상징적인 일이었다.

시진핑이 1985년 머스카틴에서 홈스테이하던 당시의 사진을 보여주는 주민(2012년 6월)

1985년 허베이성(河北省) 정딩현(正定縣)이라는 지방의 서기였을 당시 시진핑은 농업시찰단을 이끌고 미시시피강 부근에 있는 도시 머스카틴에서 홈스테이를 했던 적이 있다. 27년 만에 이곳을 다시 방문한 시진핑은 당시 홈스테이했던 가정 및 그 지역 사람들과 만나 추억을 나누었다. 홈스테이했던 가정의 아들이 "미국 영화를 본 적이 있습니까?"라고 묻자 시진핑이 "〈대부〉를 좋아합니다"라고 대답했다는 에피소드를 미국의 언론이 소개하며 크게 다루기도 했다. 한 주민에 따르면, 시진핑은 인사말에서 "근면과 성실이라는 미국의 미덕을 나는 당신들로부터 배웠습니다"라고 말했다고 한다. 약삭빠르다고 생각될 정도로 계산된 발언인데, 눈시울을 붉히며 감격해하는 노인의 모습을 보니 시진핑의 말은 미국 사람들의 마음을 울렸던 듯하다.

동행했던 중국 외교부 간부는 필자에게 머스카틴을 방문한 것은 시진핑이 강력하게 원해서였다고 밝혔다. 시진핑의 발언이 자신이 직접 한 것인지 아니면 아랫사람이 작성해준 것인지는 알 수 없지만, 중국은 당시 중국의 차기 지도자는 미국의 문화와 정신을 이해하는, 새로운 세대의 지도자라는 점을 전하고자 했던 것이다. 이는 전임 후진타오가 딱딱한 이미지를 벗지 못하고 미국 수뇌와 개인적인 신뢰 관계를 구축하지 못했던 데 대한 반성에서 비롯된 것임에 틀림없다. 당시 시진핑이 보여준 자세는 미국에서도 호의적으로 받아들여져 미중이 새로운 시대를 개막한다는 인상을 강하게 남겼다.

시진핑은 당시의 방미에서 '신형 대국관계(新型大國關係)'를 강조했는데 이는 신지도부가 수행하는 대미 전략의 대명사가 되었다.

신형 대국관계와 재균형

뒤에서 언급할 남중국해 등에서의 강경한 태도와는 모순되지만, 시진핑 지도부가 미국과의 심각한 대립과 충돌을 피하는 것을 외교 정책의 기본으로 삼고자 한다는 것은 의심할 바 없다. 서장에서 언급한 바와 같이, 중국공산당 정권의 생명선은 경제의 안정적인 성장이다. 그중에서 중국 외교는 '발전을 위해 양호하고 안정된 외부 환경을 만들어낸다는 근본 목표'[왕이(王毅) 외교부장의 발언]를 달성하기 위해 노력하고 있다.

'신형 대국관계'는 중국이 위대한 부흥을 지향하는 과정에서 미중 관계를 안정시키기 위해 제기한 이념이다. 하지만 이 사고방식 자체는 시진핑 지도부가 발명한 것이 아니라 후진타오 지도부 시대에 구상되기 시작한 전략이며, 시진핑은 후진타오 지도부로부터 오바마 정권 시기에 이를 실현해달라는 부탁을 받았다고 보는 편이 맞다.

후진타오 지도부에서 외교의 핵심 인물이던 다이빙궈(戴秉國) 전임 국무위원은 자신의 회고록『전략대화(戰略對話)』(2016)에서 신형 대국관계의 원형은 후진타오 지도부와 조지 부시(George W. Bush) 정권 간 교섭을 통해 형성되었다고 설명하고 있다. 2005년 9월, 로버트 졸릭(Robert Zoellick) 국무부 장관은 그 전달에 다이빙궈 등과의 사이에서 발족된 미중 간 정기 고위급회의에 입각해 "중국은 국제 시스템을 전복시킴으로써 자신의 미래가 열릴 것이라고 생각하지는 않는다"라고 논했다. 또한 미국은 중국을 '책임 있는 이익상관자(stake-holder)'가 되도록 촉구하고 안전보장과 경제 등의 국제질서를 유지하는 데 있어 중국이 책임을 수행하도록 유도해야 한다고 제창했다. 당시에는 백악관 NSC의 아시아 담당 국장이었고 지금은 미국 국제전략문제연구소(CSIS) 부소장을 맡고 있는 마이클 그린(Michael Green)은 NSC도 사전에 졸릭으로부터 이야기를 듣고 그 아이디어에 동의했다면서 "우리는 국제사회에서 공통의 책임과 이해를 짊어지도록 중국의 등을 눌러야 한다고 생각했다. 우리가 지향한 것은 협력적이면서도 할 말은 기탄없이 하는 포괄적인 관계였다"라고 밝혔다.

다이빙궈에 따르면, 중국 측은 이러한 제안에 대해 의심도 했지만 최종적으로는 '미국이 중국을 국제사회의 중요한 멤버로 규정하고 이단국가로 보지 않게 되었다는 증거'라고 판단했고, 이것이 2009년에 발족한 오바마 정권과의 사이에서 신형 대국관계라는 사고방식을 모색하는 출발점이 되었다고 한다.

신형 대국관계의 취지는 미중의 협력 분야를 늘려 신뢰를 강화함으로써 개별적인 대립과 마찰이 전체 양국 관계에 영향을 미치지 않도록 한다는 것이다. 다만 중국은 타이완 문제, 남중국해 문제, 티베트와 위구르 지배 등에 대해서는 타협과 양보의 여지가 없는 '핵심적 이익'으로 규정하고 이를 존중하도록 미국 측에 요구했다.

그 의도를 신중하게 탐색하면서 오바마 정권이 2011년 무렵부터 국제 전략의 축으로 제기한 것이 현저하게 발전하고 있는 아시아·태평양 지역에 대한 미국의 관여를 심화하는 '재균형' 정책이다. 미국은 안전보장 면에서는 오스트레일리아의 다윈 기지에 해병대를 주둔시키는 등 미군의 존재감을 강화했으며, 경제 면에서는 지역의 국가들에 TPP에 참가하도록 호소하며 자유무역의 네트워크를 확대하고자 했다.

이 재균형 정책은 뒤에서 논하는 중국의 해양 진출과 충돌하는 면이 많았다. 특히 중국이 동중국해에서 방공식별구역을 설정하고 남중국해에서 인공섬의 건설을 추진한 것은 미중 관계의 흐름에 커다란 영향을 주었다. 부시 정권 시기에 국방부와 백악관에서 근무했던 CSIS의 잭 쿠퍼(Zack Cooper) 연구원에 따르면, 미국은 중국이 일본에서부터 타이완, 필리핀까지 잇는 제1열도선에서의 실효적인 지배를 굳히고 이를 발판 삼아 괌 등을 포함한 서태평양에 영향력을 확대하려 한다는 의심이 커졌다고 한다. 이로 인해 부시 정권 시기부터 축적되어온 미국의 대중관(對中觀)은 재검토하도록 내몰렸고 오바마 정권에서는 신형 대국관계를 말하는 일은 없어졌다. 그리고 2016년 치러진 미국 대통령선거에서는 이전의 미중 외교의 틀에 구애받지 않는 파격적인 지도자가 등장했던 것이다.

타이완 - 미국 정상 간 전화 통화

트럼프가 당선된 지 1개월도 채 지나지 않은 2016년 12월 2일 충격적인 뉴스가 날아들었다. 트럼프가 타이완의 차이잉원(蔡英文) 총통이 건 전화에 응했던 것이다. 세계가 소란스러운 가운데 트럼프는 TV 인터뷰를 통해 평온하게 "나는 '하나의 중국' 정책을 완전히 이해하고 있지만 무역을 포함한 다른 문제에서의 흥정이 불가능하다면 왜 우리가 그것에 속박받지 않으면 안 되는지 알 수 없다"라고까지 단언했다.

트럼프와 차이잉원의 통화가 왜 그렇게까지 큰 문제가 되는지에 대해서는 설명이 필요할 것이다. 1979년에 중국과 국교를 정상화했던 미국은 당시 공동성명 등에서 "중국은 하나"이며 "타이완은 중국의 일부이다"라는 중국공산당 정권의 입장을 인식한다고 밝혔고 이러한 태도를 줄곧 지켜왔다. 하지만 실제로 미국은 그 이후에도 타이완과 무기 공여를 포함해 깊은 관계를 유지해왔다. 이러한 일이 가능했던 것은 미국의 역대 정권이 타이완 고위급 관부와의 공식적인 접촉은 피하는 등 '하나의 중국'을 둘러싼 합의에 기초해 신중하게 행동함으로써 중국 측의 체면을 세워줬기 때문이다.

CSIS의 보니 글레이저(Bonnie Glaser) 선임연구원은 "'하나의 중국' 정책은 미국이 (중국-타이완) 쌍방과의 관계를 유지하는 훌륭한 틀을 제공해왔으며, 거기에 내재되어 있는 '깊은 생각 속의 애매함'은 타이완과 맺는 관계에서 폭넓은 외교적 대화와 두터운 경제 및 민간 교류, 그리고 광범위한 군사 안보 면에서의 관계를 가능케 해왔다"라고 말한다. 대통령 취임 이전이라고는 해도 트럼프가 갑작스럽게 미국-타이완 간 통화로 정상회담에 나섬에 따라 미국의 역대 정권이 공화당, 민주당이라는 틀을 초월해 지켜왔던 대중 정책의 토대가 동요되었다. 그리고 미국의 새로운 정권이 미중 관계의 초석인 '하나의 중국'마저 흥정의 소재로 삼을지도 모른다는 우려를 중국에 심어주었다.

미중 관계에서의 유대인의 역할

선거 중에 중국에서는 민주당의 힐러리 클린턴이 대통령이 되는 것에 대한 경계심이 오히려 강했다. 클린턴은 오바마 정권에서 국무장관으로 '재균형 정책'을 추진했고, 남중국해 등에 대한 영향력을 확대하고자 하는 중국을 앞에서 막아섰으며, 중국의 인권 문제에 대해서도 준엄한 자세를 일관했기 때문이다.

트럼프가 승리한 이후 정세를 분석하기 위해 중국에서 워싱턴으로 대거 급파된 대미 관계 전문가 가운데 한 명은 필자에게 "트럼프에 대한 분석에 착수한 것은 그가 예비선거에 승리한 이후부터의 일이다. 보험을 드는 의미에서 트럼프가 승리할 경우도 상정한 보고서를 당에 올린 적이 있는데, 그가 실제로 클린턴에게 승리할 것이라고 생각했던 대학이나 싱크탱크는 없었던 게 틀림없다"라고 말했다.

여기서 알 수 있듯 중국 정부도 트럼프의 승리에 대비해 주도면밀하게 움직였다고 보기는 어렵다. 복수의 중국 외교 소식통과 언론 관계자에 따르면, 주미 대사관이 트럼프와 그의 측근에 대한 접촉을 본격적으로 시작한 것은 선거가 끝난 이후의 일이다. 당황해하던 대사관을 도운 것은 뉴욕 총영사관이 해당 지역의 유대인 커뮤니티와 쌓아온 인맥이었다고 한다. 중국 정부와 미국의 유대인 사회는 중국 비즈니스를 둘러싸고 결탁해왔으며, 제2차 세계대전 때 나치 독일의 박해로부터 도망친 많은 유대인이 상하이의 조계(租界)에 잠시 머물렀던 인연 등으로 인해 역사적으로도 깊은 연계를 유지해왔다고 한다.

그러한 인맥 가운데는 트럼프의 딸 이방카 트럼프(Ivanka Trump)의 남편이자 선거 중반부터 진영의 전략적인 조언자로 영향력을 발휘했던 재러드 쿠슈너(Jared Kushner)가 있었다. 미중 쌍방 관계의 소식통에 따르면, 중국 정부는 뉴욕의 채널을 이용해 독실한 유대교도인 쿠슈너와 연락을 취해왔으며, 선거 이후부터는 추이톈카이(崔天凱) 주미대사가 여러 차례 뉴욕에 가서 쿠슈너를 만났다고 한다. 그밖에 뉴욕의 명문 호텔 월도프 아스토리아 호텔을 매수해 화제가 된 중국의 금융 대기업 안방보험그룹(安邦保險集團) 회장이자 덩샤오핑의 손녀딸 덩줘루이와 한때 부부였다고 알려진 우샤오후이(吳小暉) 등도 쿠슈너와 만났다. 또한 주미대사관은 미국의 미디어 왕 루퍼트 머독(Rupert Murdoch)의 전처이자 이방카와 친분 있는 중국 출신의 실업가 덩원디(鄧文迪)를 통해 이방카를 대사관의 파티에 초대하는 등 모든 루트를 총동원해 트럼프 패밀리에게 파고들어 백악관과 중난하이를 연결하는 파이프를 만들기 위해 노력했다.

트럼프의 강온 전략

선거 유세 기간에 중국이 불공정한 무역으로 미국 기업을 내몰아왔다고 통렬하게 매도하고 중국 제품에 대해 "45%의 관세를 부과하겠다"라고 기세등등한 모습을 보여온 트럼프이지만, 트럼프는 자신의 저서 『이제 강해질 시간(Time to Get Tough)』에서 중국의 통화 및 무역 정책을 준엄하게 비판하면서도 "속내를 말하자면 나는 중국 사람들을 매우 존경하고 있다. …… 내가 비판하는 것은 그들이 아니라 우리나라의 리더와 정치가이다. …… 중국은 우리의 적이다. …… 우리가 해야 할 일을 한다면 중국은 미국에 대해 전혀 새로운 존경의 태도를 보일 것이다. 그리고 우리는 미래로 향하는 길을 중국이라는 친구와 함께 걸어 나아갈 것이다"라면서, 실리와 실익을 중시하는 자세도 엿보이고 있다.

트럼프는 신임 주중 대사로 아이오와주 주지사이자 시진핑이 홈스테이했던 시기부터 시진핑과 교류가 있는 테리 브랜스태드(Terry Branstad)를 임명했다. 또한 트럼프 자신의 자문기관 전략정책포럼의 회장으로는 중국공산당 지도자와 깊은 관계를 갖고 있는 미국 투자회사 블랙스톤그룹의 CEO 스티븐 슈워츠먼(Stephen Schwarzman)을 기용했다. 트럼프는 대통령선거가 끝난 직후 국교 정상화 이래 중국이 미국과의 관계를 만드는 데서 가장 의지해왔던 중진 헨리 키신저(Henry Kissinger) 전임 국무장관도 만났다. 이로써 중국과의 대화에 대비해 파이프를 어느 정도 마련한 미국은 강온(强穩) 양면을 혼용하는 접근으로 중국과의 협상을 유리하게 추진하고자 했다.

대통령 취임식 이후 얼마 지나지 않은 2017년 2월 초, 트럼프는 시진핑에게 편지를 보내 '건설적인 관계'를 만들고 싶다고 밝혔고, 그 이튿날 새로운 정권이 발족한 이후 처음으로 전화로 회담이 실현되었다. 트럼프는 이 통화에서 '하나의 중국'을 지키겠다고 언명했고 이로써 차이잉원 총통과의 전화로 요동쳤던 미중 관계가 진정되었다.

미중 정상의 첫 대면

전화 회담 이후 약 2개월이 지난 4월 6일, 미국 플로리다에 내린 시진핑은 '겨울의 백악관'이라고 불리는 트럼프의 별장 마라라고 리조트를 방문했다. 트럼프가 통상 문제 등으로 중국에 대한 압력을 강화하는 가운데 정상 외교에 의해 양국 관계가 극단적인 방향으로 질주하지 않도록 보험을 드는 것은 당대회를 앞두고 있던 중국이 해두지 않으면 안 되는 작업이었다. 하지만 미국의 신임 대통령이 취임한 이후 겨우 70여 일 만에 미중 정상이 회담하는 것은 이례적이었다. 중국으로서는 트럼프의 대중 전략을 충분히 검토할 여유가 없었기에 회담에서 시진핑이 공세를 당할 수 있다는 우려도 있었다. 그러한 리스크를 짊어지고 회담에 나서기로 한 결단은 시진핑 본인 외에는 내리기가 어려웠을 것이다.

실제로 트럼프는 시진핑과의 회담이 "대단히 어려운 일이 될 것이다"라고 사전에 트위터에 올리며 통상 문제 등에서 중국의 양보를 강하게 압박할 계획임을 드러냈다. 하지만 시진핑을 맞이하는 그의 태도는 유권자를 향해 쏟아내던 거침없는 말에 비해 온순했다. 만찬회에서는 "우리는 이제까지 계속해서 논의를 해왔다. 지금 나는 (시진핑으로부터) 아무것도 얻지 못했지만 말이다"라며 웃음을 지은 이후 "앞으로 시간을 들여 훌륭한 관계를 만들어나가자"라고 환영했다.

이에 대해 시진핑은 "중미 관계가 좋게 유지하지 않으면 안 되는 이유는 천 가지나 있는데, 나쁘게 만들 이유는 한 가지도 없다"라고 논하며, 미국과의 대립은 바람직하지 않다는 입장을 재차 전했다. 왕이 외교부장에 따르면, 이틀 동안 7시간에 걸친 회담에서 시진핑은 중국

만찬회에서 시진핑을 접대하고 있는 트럼프(2017년 4월)
자료: *The New York Times*

의 역사와 발전의 성과를 열심히 설명했다고 한다. 이는 2014년 11월
시진핑이 중난하이를 방문한 오바마 대통령을 산책하도록 유도하고
열강의 침략 이래 중국이 걸어온 길을 말하면서 중국에는 중국의 국정
이 있다면서 중국공산당의 통치를 이해해달라고 요구했던 것과 중첩
된다.

쌍방은 외교, 안보, 경제, 사이버 등 네 가지 수준에서 '대화의 틀'
을 구축하는 외에, 무역 불균형을 해소하기 위한 '100일 계획'을 작성
하는 데 합의했다. 왕이 외교부장이 "정상 간에 신뢰 관계를 구축한다
는 소기의 목적은 이루었다"라고 강조한 것처럼, 시진핑은 트럼프와의
사이에서 양국 관계를 통제할 수 있다는 메시지를 중국을 향해 발신했
다. 당대회를 앞두고 정치적 구심력이 훼손되어서는 안 되는 중국의

내부 정세를 고려하면 시진핑은 소기의 성과를 얻었다고 할 수 있다.

그러나 시진핑을 맞이한 만찬회 와중에 미군은 시리아의 아사드 정부군이 화학 무기를 사용했다면서 그 기지를 미사일로 공격했다. 유엔이나 관계 국가와 아무런 조정도 하지 않고 실력 행사에 나선 미국의 움직임은 전 세계를 들썩이게 만들었다. 렉스 틸러슨(Rex Tillerson) 국무장관이 "어떤 국가라도 국제질서를 어지럽히고 타국에 위협이 된다면 대항 조치를 취할 것이라는 메시지"라고 논했던 것처럼, 이 공격에는 미사일 발사 등으로 도발을 강화하는 북한에 대한 경고의 의미도 포함되어 있었다.

백악관의 대중관

"터프한 협상가가 (리더가 된다면) 중국을 끌어내릴 수 있다"라고 단언한 트럼프가 어떤 중국 정책을 전개할 것인지는 향후에도 예단하기 어렵다. 다만 확실한 것은 '협상 외교'가 지향하는 바는 미국 국민의 안전과 미국 내 노동자 및 기업 등의 이익에 집약된다는 것이다. 하지만 변화하는 세계의 세력 균형 가운데에서 미중 양 대국의 관계를 어떻게 자리매김하고 통제해 나아갈 것인가 하는 커다란 전략과 구상은 보이지 않는다.

정계에서 이른바 '불법자(outlaw)'이며 여당 공화당의 실력자에게도 용서 없는 비판을 퍼부어 균열을 일으켰던 트럼프이지만, 정권 운영을 밑받침하는 인재를 어디에서 구하고 이를 어떻게 배치할 것인지는 정권의 성격을 점치는 데 중요한 지점이었다.

일련의 인사에서 특히 사람들의 시선을 끈 것은 무역 교섭의 사령탑인 국가무역위원회(National Trade Council: NTC)를 신설하고 그 수장으로 피터 나바로(Peter Navarro)를 발탁한 일이었다.

캘리포니아대학교에서 교수로 재직해온 나바로가 유명해진 것은 중국에 대한 준엄한 주장 때문이었다. 『다가오는 중국과의 전쟁(The Coming China Wars)』(2006) 등의 저작을 연이어 출판한 나바로는 중국 정부가 인민폐를 부당하게 절하하고 안전성이 의심되는 제품을 미국 시장에 팔아치우고 있다고 주장했으며, 중국의 군사비 증대와 해양 진출 등에 대해서도 언급하면서 중국의 대두에 경종을 울렸다.

중국 정부를 '피로 얼룩진 무법자 정권'이라고 부르는 등 깊은 불신과 적의로 가득 찬 그의 대중관은 스스로 총감독을 맡고 각본도 손수 집필한 영화 〈데스 바이 차이나(Death by China)〉(2012)에 응축되어 있다. 영화에서는 '통화 조작'이라고 쓰인 고사포와 '불법적인 수출 보조금'이라고 쓰인 폭격기가 미국의 공장을 습격하는 애니메이션이 차례로 등장하면서 "중국이 세계무역기구(WTO)에 가입한 2001년 이래 중국은 불법적인 보조금을 받으며 미국 시장에 제품을 유입시켜왔으며, 이로 인해 미국에서 5만 7000여 개의 공장이 사라지고 250만여 명의 노동자가 일자리를 잃었다"라고 호소한다.

이러한 나바로의 주장에 대해 노벨상을 수상한 경제학자 폴 크루그먼(Paul Krugman)은 미국의 고용이 감소한 것은 "(자동화 등에 의한) 생산 효율의 향상으로 노동력의 수요가 감소한 것이 근본적인 원인"이라고 지적했으며, 문제를 지나치게 단순화한다는 비판도 강하게 제기되었다. 그럼에도 나바로의 호소가 많은 점에서 트럼프의 주장과 겹치며 트럼프 지지자들의 마음을 움직인 것은 확실하다. 트럼프는 "미국의 무역 문제에 대해 나바로의 책을 읽고 감명을 받았다"라고 말했다. 버려진 공장들을 보고 미국을 좀먹고 있는 무언가를 간취했던 트럼프에게 알기 쉬운 말로 설명해준 것이 나바로였던 것으로 보인다.

　이밖에 백악관에서는 '대안우파(Alt-right)'라고 불리며 백인 인종주의를 밑받침해온 미디어 브레이트바트뉴스의 회장이던 스티브 배넌(Steve Bannon)이 대통령 수석고문 겸 수석전략관으로 발탁되었다. 배넌은 나바로처럼 중국에 대해 많은 것을 말하지는 않았지만, 선거 기간 중이던 2016년 3월 라디오 프로그램에서 이슬람 과격파 세력과 함께 중국을 미국의 위협으로 들며 "우리는 앞으로 5년이나 10년 내에 남중국해에서 전쟁을 치르게 될 것이다"라고 발언한 바 있다.

　대중 정책의 방향을 결정하는 데에는 국무부와 국방부 등의 주요 기관과 의회도 큰 영향력을 발휘한다. 나바로와 배넌 등이 어디까지 영향력을 발휘할 것인지는 미지수이다. 그럼에도 트럼프가 약진함에 따라 적의로 가득한 나바로 등의 극단적인 중국관이 관심을 모으고 백악관에 진입한 것은 미중 관계의 향후에 불온한 그림자를 드리우고 있다.

중국 강경파의 대미관

　그렇다면 중국은 미국을 어떻게 보고 있을까? 해양 문제 등을 둘러싼 강경한 움직임은 '신형 대국관계'를 제창하며 미국과의 충돌을 피하고자 하는 외교 노선과는 다른 역학이 중국공산당 정권 내부에 작용하고 있음을 보여준다. 이를 증명하는 듯한 영상이 2013년 인터넷상에 유출되었다.

바로 〈교량무성(較量無聲)〉(소리 없는 항쟁)이라는 제목의 사상교육용 영상으로, 인민해방군의 간부를 육성하는 중국인민해방군 국방대학이 같은 해 6월에 제작한 것이며 상영시간은 약 90분이다. 중국의 인터넷에서는 얼마 지나지 않아 삭제되었지만, 군의 중추 간부와 국방대학 간부 등이 등장한다는 점으로 볼 때 군의 승인 아래 제작되었음이 거의 틀림없다. 군의 간부와 사관생도를 위해 편집된 것으로 보이는 이 영상은 외국인은 좀처럼 알기 힘든 중국공산당 정권 내부 보수파의 속내를 내용으로 하고 있어 매우 흥미로우며 시사하는 바가 많다.

이 영상은 "중국이 민족의 부흥이라는 위업을 실현하는 과정에서는 미국의 패권과 투쟁하는 것이 불가피하며, 이것은 인간의 의사로는 피할 수 없는 100년 단위의 투쟁이다"라는 말로 시작된다. 또한 소련이 붕괴된 것은 경제적 영향력, 문화, 가치관 등을 침투시킴으로써 상대국의 정권 전복을 도모하는 미국의 '평화적 전복(和平演變)'이라는 기획 때문이었다고 단언하고, 2011년 중동 각국에서 학생들이 민주화를 요구하며 차례로 독재 정권을 타도했던 '아랍의 봄'의 배후에도 미국의 움직임이 있었다고 강조한다. 그리고 중국의 관료와 학자도 미국이 수행하는 그러한 '정치 공작'의 표적이 되고 있으며, 민주활동가와 비정부기구(NGO), 티베트와 위구르 같은 소수민족 문제의 배후에도 항상 미국의 그림자가 있다고 경종을 울린다.

인민해방군의 상장(上將, 대장에 해당)이기도 한 당시 류야저우(劉亞洲) 국방대학 정치위원은 자신이 기획책임을 맡았던 이 영상에서 "미국에 있어 중국은 철저하게 억누를 것인지, 아니면 관여를 통해 개조해 나아갈 것인지 확실히 답을 내지 않으면 안 되는 전략적인 선택이었다. 평화적 전복으로 소련을 붕괴시킴으로써 전례 없는 승리를 얻은

〈교량무성〉에서 발언 중인 류야저우
자료: 유튜브

미국의 엘리트들은 신중한 검토 끝에 대담하게도 후자의 길을 선택했다. 그들이 장악하고 있는 국제적인 정치·경제 시스템에 중국을 편입시켜야만 그들 마음대로 중국을 분열·와해시킬 수 있다고 생각하고 있기 때문이다"라고 말한다.

군 중추의 간부가 냉전 시대의 이데올로기가 대립하던 당시의 음모론적인 대미관을 말하는 장면은 충격적이다. 류야저우는 리셴녠(李先念) 전임 국가주석의 사위로 군을 대표하는 '홍삼대(紅三代)'의 간부 가운데 한 명이며, 시진핑이 군과 관련된 문제에서 자주 의견을 구해왔던 것으로 알려진 인물이기도 하다. 류야저우의 관점과 같은 대미관이 당과 군에서 어느 정도로 공유되고 있는지는 알 수 없지만, 그러한 사상과 신조를 갖고 있는 세력이 현존하며 이러한 인물이 시진핑과 대화하는 입장에 있다는 것은 의미하는 바가 작지 않다.

투키디데스의 덫에 빠지지 않으려면

시진핑 지도부가 발족한 해인 2011년 미국에서 출간된 피터 나바로의 『데스 바이 차이나』[+]와 그 이듬해에 중국에서 제작된 〈교량무성〉은 미국과 중국 양 정권에 잠재되어 있는 적의와 의심을 반영하고 있다는 점에서 맥을 같이하는 것처럼 보인다. 이러한 맥락에서 생각나는 장면이 있다. 바로 2015년 9월 국가주석의 신분으로는 처음으로 미국을 공식 방문한 시진핑이 최초의 방문지 시애틀에서 가진 강연에서 했던 말이다.

서로 색안경을 끼고 상대를 보는 것을 멈추도록 합시다. 이 세상에는 애당초 투키디데스의 덫이 존재하지 않습니다.

투키디데스란 고대 그리스의 강국 스파르타와 신흥국 아테네의 대립부터 충돌까지의 과정을 풀어낸 역사가의 이름이다. 쿠바 위기에 대한 분석 등으로 국제적으로 널리 알려져 있는 하버드대학교의 그레이엄 앨리슨(Graham Allison) 교수는 기존의 대국이 발흥하는 국가에 대해 품는 지나친 위협감과 우려가 쌍방의 충돌을 피하기 어렵게 만든다는 섭리를 '투키디데스의 덫(Thucydides's Trap)'이라고 불렀다. 앨리슨은 장래의 충돌을 피하기 위해서는 무엇이 필요한지 묻기 위해 '투키디데스의 덫'을 제창했는데, 이 용어는 미국이 중국에 대해 안고 있는 위협

[+] 나바로는 2011년 『데스 바이 차이나』를 책으로 먼저 출간했으며, 이듬해인 2012년 이를 영화로 제작했다. _옮긴이

의식을 상징하는 의미로도 사용되었다.

트럼프와 나바로 등이 지닌 중국관은 미국과 중국을 그 덫에 빠트릴 우려가 있는 것은 아닐까? 앨리슨 교수는 필자의 질문에 대해 "중국과의 파괴적인 전쟁이 바람직하지 않다는 미국의 의사는 확고하다. 하지만 기존의 대국이 신흥국의 위협을 과장하고 상대 행동의 배후에 숨겨진 음모를 독해하려는 의미에서는 '투키디데스의 덫'에 가깝다. 미국 국방부와 정보기관에서도 중국의 위협은 크게 부풀려지고 있으며, 중국과 관련된 일이 거의 언급된 적 없던 10년 전과 비교해서도 그러한 경향은 명백하다"라고 말했다.

두터운 관계를 유지하는 미국과 중국

하지만 미중 관계가 정권의 의향으로만 결정되는 것은 아니다. 국교가 정상화된 이래 미국의 역대 정권은 중국의 개혁개방을 지지하고 경제 발전을 촉진하며 중국을 국제사회의 일원으로 맞아들이는 것이 쌍방의 이익과 세계의 안정으로 연결된다는 인식에 기초해서 '관여 정책(engagement policy)'을 대중 정책의 기본으로 삼았다. 그러한 접근은 무역액 6594억 달러(2015년 기준), 1일 평균 왕래 인원 약 1만 3000명(2015년 기준)이라는 수치가 보여주듯 양국의 두터운 관계를 만들어냈다.

트럼프가 예비선거에서 승리를 거둔 이후인 2016년 6월, 미국의 저명한 싱크탱크인 미국외교협회(CFR)가 미국 전역의 2000여 명을 대상으로 실시한 여론조사에서는 중국에 대해 '협력·관여를 계속해야 한다'라고 대답한 사람이 63%로 '억눌러야 한다'라고 대답한 33%를 크게 상회했다. 조사를 실시한 칼 프리드호프(Karl Friedhoff) 연구원은 "일반적인 여론은 미중 관계를 비교적 양호하며 안정되었다고 파악하고 있다. 더욱 심각한 위협은 러시아, 이란, 북한이라고 생각하며, 중국은 적으로 파악하고 있지 않다"라고 분석한다.

세계사적인 관점에서 미국과 중국이 지닌 힘의 관계를 조망하고 그 변화를 받아들이고자 하는 목소리도 있다. 하버드대학교의 조지프 나이(Joseph Nye, Jr.) 교수는 빌 클린턴 정권에서 국방 차관보를 맡았고 그 이후에도 미국 외교에 영향력을 미쳐왔다. 그는 20세기 초 영국이 쇠퇴한 이후 한동안 국제질서의 담당자가 나타나지 않았던 것이 세계 공황과 제2차 세계대전으로 연결되었다는 견해에 입각해 이제부터는 미중이 협력하면서 현행 국제질서를 지켜나가야 한다고 주장한다.

이러한 발언에 대한 진의를 묻자 그는 "중동에 대한 영향력에 한계가 있다는 데서도 알 수 있듯, 중국이 혼자서 국제질서를 지킬 수는 없다. 중국은 WTO 등의 지원을 받아왔던 기존 국제질서의 수혜자이며, 중국이 그것을 제각기 따로 하려 한다고는 생각되지 않는다. 미중이 협력할 여지는 여기에서 비롯된다"라고 말했다.

중국을 국제질서의 담당자로 유도한다는 사고방식은 부시 정권 시기에 제기되었던 '이익상관자'와 통하는 전략으로, 미국 역대 정권의 관여 정책의 흐름과 연관되어 있다. 미중의 협조를 제창하는 나이 교수의 입장은 '국제사회에서 중국이 미국에 필적하는 힘을 갖추려면 적어도 수십 년이 걸릴 것이다'라는 분석에 기초하고 있다. 그의 관찰의 근저에는 미국의 저력에 대한 자신감이 자리하고 있다고 필자는 느꼈다. 국가의 강함은 군사력과 경제력뿐만 아니라 문화와 가치관 등의 소프트파워에 의해서도 뒷받침된다는 주장으로도 유명한 나이 교수는 세력 균형의 과도기에는 상대를 과대평가하거나 과소평가하지 말고 강인한 인내심을 가지고 대처해야 한다고 지적한다.

국제질서를 창출하려는 중국의 야욕

그렇다면 중국은 자신들의 힘과 위치를 어떻게 자각하고 있을까? 트럼프의 대통령 취임식을 3일 앞둔 2017년 1월 17일, 시진핑은 스위스의 휴양지 다보스에 있었다. 세계 각국의 지도자와 국제 기업의 CEO 등이 모이는 세계경제포럼(WEF, 일명 다보스포럼)에 중국의 국가주석으로는 처음으로 참가하기 위해서였다. 정계 및 재계의 리더가 세계의 과제를 논의하는 이 회의에서 시진핑은 "우리는 명확하게 보호주의에 반대하지 않으면 안 된다. 무역전쟁은 서로에게 손실을 입힐 뿐이다"라고 논했다. 이 발언이 자국의 산업을 보호하는 데 중점을 두고 있는 트럼프의 미국을 견제하고 있음은 명백했다. 시진핑은 "중국은 개혁개방을 계속해서 추진할 것이며 이는 열린 세계경제의 추진력이 될 것이다"라고 호소했다.

시진핑이 연설한 날은 공교롭게도 영국의 테레사 메이(Theresa May) 총리가 EU에서의 완전 이탈을 정식으로 표명한 날이기도 했다. 영국의 유력 신문 ≪파이낸셜타임즈(Financial Times)≫는 "트럼프 대통령과 구미의 정치가들이 세계주의의 가치에 의문을 던지고 있는 이 때 시진핑은 중국이 리버럴한 무역질서를 지키겠다고 말했다"라고 전했다.

자본 거래 등을 크게 규제하고 정보 통제를 강화하고 있는 중국의 이러한 호소를 국제사회가 액면 그대로 받아들이기는 어려웠다. 하지만 시진핑은 그 이튿날에도 제네바에 있는 유엔 유럽본부에서 '인류 운명 공동체'를 주제로 강연했다. 거기서 시진핑은 "인류는 커다란 발전과 변혁, 그리고 조정의 단계를 맞이하고 있다"라고 강조하면서 지구와 인류의 미래를 지키기 위한 '중국의 제안'을 내놓았는데, 공정하며 합리적인 국제질서 구축, '핵 없는 세계'의 실현, 열린 국제 경제질서 구축, 그리고 트럼프가 탈퇴한 기후변화 대책의 국제적 합의인 파리협정 추진 등이었다. '팍스 아메리카나'라고 불리었던 시대가 전환점에 서 있음을 전 세계가 의식하는 가운데 세계질서 유지에 대한 중국의 자부심과 의욕을 확실히 제기했던 것이다.

새로운 영역에서의 패권 다툼

중국이 새로운 국제질서 구축에 관여하고 있다는 메시지를 세계를 향해 본격적으로 알린 것은 2015년 시진핑이 국가주석이 된 후 처음으로 미국을 공식 방문했을 때라고 할 수 있다. 시진핑은 우선 2014년 11월 방중했던 오바마 대통령과 논의한 온실가스 삭감 목표에 합의했다.

여기에 탄력을 받아 시진핑은 미국 방문을 통해 미중이 세계적인 과제에서 서로 손을 잡고 주도적인 역할을 수행하는 시대가 도래했다는 인상을 주고자 했다. 중국은 미국과의 관계에서 사이버 안보 문제가 장기간 불씨였는데, 이 문제에서 계속 제기된 비판에 대해 한 걸음 다가서는 방침으로 전환했다. 그 결과 양국은 군과 정부에 의한 첩보 활동과 관련된 문제는 일단 뒤로 미루고 민간의 사이버 범죄를 억지하도록 협력하는 데에는 합의했다. 중국은 회담을 전후해 미국에 해킹을 자행한 것으로 의심되는 중국 내 용의자를 적발했다는 사실을 미국 측에 전함으로써 합의가 형식에 그치지 않는다는 것을 보여주었다. 시진핑은 오바마로부터 "이 영역에서 상호 간의 협력이 심화될 것이라고 믿는다"라는 말을 이끌어냄으로써 이 분야를 미중의 새로운 협동 분야로 만들고자 했던 것이다.

기술의 혁신이 계속되는 사이버 공간은 구미가 세계질서를 주도하던 정치, 경제 등의 분야와 달리 국제적인 규칙이 충분히 확립되어 있지 않은 분야이다. 이른바 공터에 커다란 건물을 세우는 작업이 바야흐로 시작된 것으로, 신흥국도 이러한 작업에 충분히 참여할 공간이 있었다.

칭화대학(清華大學) 국제관계학부의 자오커진(趙可金) 부교수는 시진핑의 방미를 앞둔 시점에 언론에 기고한 글에서, 중국은 사이버 공간에 국한하지 않고 우주와 극지 개발 등 새로운 영역에서도 국제규칙을 주도적으로 만들어나간다는 결의를 굳히고 있다고 지적하면서, "향후에는 양국의 힘의 격차가 축소되는 가운데 상대의 제도, 발전 모델, 가치관을 인정할 것인가 하는 문제가 첨예화될 것이다. 양국은 구체적인 이익을 쟁탈하기보다 세계가 어떠한 규칙에 따라야 하는가라는, 국제질서를 둘러싼 투쟁의 국면에 진입하고 있다"라고 말했다.

시진핑은 오바마와의 정상회담이 끝나자 바로 워싱턴에서 뉴욕으로 비행해 나이지리아, 방글라데시 등의 발전도상국 정상과 차례로 회담했다. 그 자리에서 유엔 안전보장이사회 상임이사국으로서의 중국의 한 표는 "항상 발전도상국을 위해 행사한다"라고 호소함으로써 중국은 구미가 주도하는 질서의 개혁에 발전도상국의 맹주로 임할 것

사이버 문제 등에 합의한 이후 공동 회견을 하는 시진핑과 오바마(2015년 9월)

이라는 의욕을 분명히 표출했다.

100년의 마라톤을 준비하는 중국

시진핑의 방미가 끝난 직후인 2015년 10월, 중국공산당 기관지 《인민일보》는 중국공산당 정치국이 '글로벌 거버넌스의 구조와 그 체제'라는 주제에 대해 학습회를 개최했다고 전했다. 그 자리에서 시진핑은 "우리가 세계의 거버넌스에 참가하고자 하는 근원적인 목적은 '두 개의 100년'이라는 목표와 중화민족의 위대한 부흥이라는 '중국의 꿈'을 실현하기 위해서이다"라고 말했다고 한다.

리처드 닉슨(Richard Nixon) 정권 이래 역대 미국 정권에서 국방부와 중앙정보부(CIA)의 대중 정책에 관여해온 마이클 필스버리(Michael

Pilsbury)는 2015년 자신의 저서 『100년의 마라톤: 미국을 대신하여 글로벌 초강대국이 되려는 중국의 숨겨진 계획(The Hundred-Year Marathon: China's Secret Strategy to Replace America as the Global Superpower)』에서 이렇게 언급했다.

> (중국의 대미) 강경파는 마오쩌둥 이래 지도자들에게 어떤 계획을 불어넣었다. 그것은 '과거 100년간의 굴욕에 대해 복수해야 하며, 중국공산당 혁명 100주년에 해당하는 2049년까지 세계의 경제, 군사, 정치에서 리더의 지위를 미국으로부터 빼앗아야 한다'라는 것이다. 이 계획은 '100년의 마라톤'이라고 불리는 것이 되었다.(괄호는 인용자가 추가)

"미국은 이 마라톤의 패배자가 되려 하고 있다"라고 논한 필스버리의 저서는 국제질서를 둘러싸고 중국과의 대항이 본격화되는 시대의 서막이 열렸음을 세계를 향해 알리면서 깊은 인상을 남겼다.

확실히 시진핑 지도부 아래에서 중국은 존재 형식을 디자인해 나아가고자 하는 의욕을 숨기려 하지 않았다. 이를 감안하면 미국으로서도 이는 경험한 적 없는 도전이었다. 그러나 그 '꿈'을 실현하기 위해서는 대미 관계의 방향을 제대로 설정해야만 했다. 시진핑 지도부는 오바마 정권과의 사이에서 이를 실현시키지 못했고 후진타오 지도부로부터 위탁받은 신형 대국관계의 호소도 결실을 맺지 못했다. 종잡을 수 없는 트럼프 정권과는 양국 관계의 청사진을 그려낼 것인가? 그 실현 여부는 다음에서 살펴보는 해양 전략의 방향과도 연관되며, 이는 앞으로 전 세계의 향방을 좌우하게 될 것이다.

해양에 대한
중국의 야심

센카쿠열도를 둘러싼 대립의 경위

앞길이 불투명한 미중 관계 가운데서도 심각한 충돌의 리스크를 내재하고 있는 문제는 동중국해와 남중국해의 해양 권익을 둘러싼 문제이다. 2017년 1월, 트럼프 정권은 TPP에서 영구 탈퇴하겠다고 선언했지만, 최초의 미일 정상회담에서는 "아시아 태평양 지역에서의 안보 환경이 갈수록 중요해지고 있는 가운데 미국은 지역에서의 존재감을 강화한다"라는 공동성명을 발표하고 군사 면에서의 관여를 오히려 강화해가는 자세를 보였다. 트럼프에 앞서 방일했던 제임스 매티스(James Mattis) 국방장관은 "중국은 동중국해와 남중국해에서 도전적인 행위를 더욱 강화하고 있다"라고 일갈하면서 중국의 해양 진출을 북한의 핵문제와 나란히 지역의 중대 과제로 규정하고 있음을 분명히 했다.

이러한 긴장이 첨예화되고 있는 또 다른 현장은 바로 동중국해에 떠 있는 오키나와현 센카쿠열도[尖閣列島, 중국명으로는 댜오위다오(釣魚島)]이다. 2012년 9월 일본 정부가 센카쿠열도를 국유화한 이래,⁺ 중국은 센카쿠열도 주변에 공선(公船)과 민간 어선이 출입하는 상태를 상시화하여 일본의 실효 지배를 무너뜨리려 하고 있으며, 행동하는 방식도 점차 과격해지고 있다.

일본 정부는 부정하고 있지만, 중국은 1972년 중일 국교를 정상화하기 위한 교섭에서 센카쿠열도를 둘러싼 영유권 문제에 대한 '합의 미루기'가 있었다고 주장한다. 그럼에도 일본 정부는 국유화를 통해 그 합의를 깨뜨렸기 때문에 중국도 실력으로 주권을 지키는 것이 당연하다는 게 중국 측의 논리이다.

근대 이전에 중일 쌍방이 센카쿠열도에 어떻게 관여해왔는가, 청일전쟁 전후부터 일본이 센카쿠열도에 대한 지배를 어떻게 구축해왔는가, 국교 정상화 교섭에서 다나카 가쿠에이 총리와 저우언라이 총리가 어떠한 흥정을 했는가 등에 대해서는 다양한 의논과 연구가 이뤄진바 있으므로 여기서는 구체적으로 다루지 않겠다.

다만 필자가 기자로서 이 문제가 심각해지는 과정을 지켜본 관점에서 말하자면, 일본이 센카쿠열도를 국유화하기 반년 전에 이시하라 신타로 당시 도쿄도 지사는 센카쿠열도를 구입하자고 호소한 바 있는데, 이를 위한 모금이 예상을 뛰어넘는 규모를 기록하기도 했다. 이러한 일련의 흐름의 복선이 된 것은 2010년 센카쿠 앞바다에서 발생한 어선 충돌 사건이었다. 일본 해상보안청의 순시선에 중국 어선이 충돌을 감행하고 선장이 불손한 태도를 보인 것, 그 이후 중국이 일본으로 수출하는 희토류에 규제를 가하고 군사 관리구역에 진입한 것, 일본의

+ 2012년 센카쿠열도의 여러 개의 섬 중 개인 사유지였던 몇몇 섬을 일본정부가 매입한 후 공식적으로 일본 영토임을 선언한 사건을 뜻한다. _옮긴이

제네콘사 사원을 구속한 것 등과 같은 중국의 행동에 대해 반발을 품은 일본인이 많았던 것이다. 이러한 일련의 사건은 중국에 대한 일본인의 인식에 큰 영향을 미쳤다.

거슬러 올라가면, 2008년 12월에는 중국의 해양조사선 두 척이 센카쿠열도의 일본 영해에 처음으로 침입하는 사건이 일어났으며, 1992년에는 중국이 영해법을 제정하고 일방적으로 센카쿠열도의 영유권을 주장하기 시작했다. '상황을 먼저 바꾼 것은 일본이다'라는 중국의 주장을 받아들이기 어려운 것은 장기간에 걸쳐 이러한 사건과 소동이 있었기 때문이다.

일본의 국유화 이후 변한 중국공산당의 태도

센카쿠열도를 둘러싸고 이러한 마찰이 일어나는 가운데 중국공산당 정권의 입장과 전략이 줄곧 일관적이었던 것은 아니다. 필자는 2005년부터 2008년까지 홍콩 특파원 시기에 홍콩과 타이완에 거점을 둔 활동가 그룹 댜오위다오보호행동위원회(保釣行動委員會)의 동향을 취재했다. 그들은 센카쿠열도에 대한 주권이 중국과 타이완에 있음을 주장하기 위해 매년 항의 차원에서 선박을 센카쿠에 출항하고자 하여 중일 간에 커다란 현안이 되어왔기 때문이다.

당시 필자는 중국의 국정자문기관에 해당하는 중국인민정치협상회의 전국위원회(전국정협)의 위원이자 그룹의 자금책으로 알려진 홍콩인 사업가로부터 다음과 같은 증언을 들었다. 2007년 가을, 센카쿠로 출항하기로 계획했던 그룹의 간부는 중국 외교부의 홍콩 출장기관으로부터 호출을 받아 상하이로 가라는 말을 들었다. 비행기 요금과 숙박 요금도 중국 외교부가 지급하는 형태로 상하이의 호텔로 향했던 사람들을 접대한 것은 베이징에서 온 외교부 차관이었다. 당시는 상하이 게가 제철인 시기였는데, 차관은 테이블에 한가득 차린 상하이 게를 권하면서 "여러분의 애국심은 존경하지만 전반적인 정세를 살펴보지 않으면 안 된다"라고 타일렀다. 중일 국교 정상화 35주년이던 그 해에 베이징과 도쿄 사이에는 온건한 대중관을 지닌 것으로 알려진 후쿠다 야스오 총리의 방중이 검토되고 있었는데, 이는 불필요한 불씨를 만들지 말라는 중국 외교부의 메시지였던 것이다.

고이즈미 준이치로 총리의 야스쿠니 신사 참배 등으로 냉각된 중일 관계가 점차 개선되고 있던 그 무렵, 중국 정부는 이 외에도 그룹의 활동에 제동을 걸고자 하는 움직임을 보였다. 홍콩에 들어가려는 중국 본토의 멤버를 해당 지역의 경찰이 구속했으며, 그룹의 선박에 구조상의 문제가 있다면서 홍콩 해사(海事) 당국이 출항을 금지했던 것이다.

그런데 2012년 8월 일본 정부에 의해 센카쿠열도를 국유화하려는 움직임이 가시화되자 중국과 홍콩의 당국은 항의선의 출항을 간단히 승인했고 활동가들은 센카쿠열도의 댜오위다오에 상륙했다. 항의선에는 중국 본토에서도 시청할 수 있는 홍콩 봉황TV의 기자가 탑승해 해당 선박이 일본 해상보안청의 선박에 의해 쫓기는 모습과, 선박 위의 선원들이 일본 경찰에 의해 체포되어 강제 송환되는 광경을 흥분된 어조로 전했다. 중국 당국은 홍콩의 활동가 등에 대한 고삐를 다소 풀었고 이로 인해 센카쿠열도를 둘러싸고 중국 인민의 민족주의가 팽창하는 것을 필자는 베이징에서 생생히 느꼈다. 9월 일본이 센카쿠열도를 국유화한 이후에는 중국 각지에서 폭력적인 반일 시위가 폭발해 중일 관계에 치유하기 어려운 상처를 남겼다.

각국의 전략이 충돌하는 최전선, 남중국해

이시하라 신타로 지사가 센카쿠 구입 계획을 제기하던 무렵, 남중국해에서는 국제사회를 휩쓸 거대한 대립의 막이 열리고 있었다. 2012년 4월 필리핀 북부 앞바다 약 250km에 위치한 스카버러암초[Scarborough Shoal, 중국명으로는 황옌다오(黃岩島)]에서 중국 어선을 단속하려는 필리핀 당국의 선박을 중국 국가해양국의 감시선이 방해했고 이로 인해 쌍방이 2개월 이상 대치하는 사태가 일어났던 것이다. 이 사건은 남중국해에서 매년 조업 범위를 확대했던 중국 어선의 움직임을 중국정부가 용인할 뿐만 아니라 오히려 뒷받침한다는 중국의 의사를 확실히 보여준 것이었다. 그 이듬해인 2013년 1월 필리핀이 유엔 해양법 조약에 기초해 국제 재판소에 중재를 호소한 것은 남중국해에 진출하기 위해 '기어'를 올린 중국에 대항하는 조치였다.

이에 대해 중국은 필리핀과 대립하는 근본적인 원인은 영토 및 주권과 관련된 문제로, 유엔 해양법 조약에 따라 판결되는 것이 아니라면서, 재판에 참석하지 않을 것이며 그 결과도 받아들이지 않겠다는 입장을 취했다. 재판은 피고 부재의 상태로 진행되었는데 2016년 7월 중재재판소는 중국이 주장하는 권리를 거의 전면적으로 부정하는 판결을 냈다.

이 사이에 중국은 재판의 진행과 병행이라도 하듯이 스프래틀리 제도[Spratly Islands, 중국명으로는 난사제도(南沙諸島)]의 암초를 메우는 작업

남중국해의 섬들과 구단선(九段線)
자료: 山本秀也, 『南シナ海でなにが起きているのか』(2016)에 기초해 일부 수정

을 추진했다. 2014년 2월 존슨 사우스암초[Johnson South Reef, 중국명으로
는 츠과자오(赤瓜礁)]에서 공사가 시작되고 있는 것을 필리핀군이 확인한
것을 계기로 콰테론암초[Cuarteron Reef, 중국명으로는 화양자오(華陽礁)], 파
이어리 크로스암초[Fiery Cross Reef, 중국명으로는 융수자오(永暑礁)] 등에도
중국의 준설선이 출입하며 암초를 신속하게 메우는 공사가 행해지고

있다는 사실이 차례로 명백해졌다. 2016년 미국 국방부의 연차 보고 서에 따르면, 이 사이에 중국이 메우기 공사를 한 곳은 스프래틀리제 도의 총 7곳으로, 면적은 도쿄 디즈니랜드 25배에 달하는 1294헥타르 이며, 조성된 인공섬에는 활주로와 등대 등도 건설되었다. 미스치프암 초[Mischief Reef, 중국명으로는 메이지자오(美濟礁)]와 수비암초[Subi Reef, 중국 명으로는 주비자오(渚碧礁)]에서는 활주로가, 존슨 사우스암초에서는 레이 더 시설 등이 확인되었는데, 이로 인해 국제사회는 중국이 남중국해에 방공식별구역을 설정하려는 포석이 아닌가 하는 의구심을 강하게 갖 게 되었다.

2015년 10월, 이러한 동향에 매우 강한 우려를 보이던 미국이 움 직였다. '항행의 자유 작전'이라고 칭하며 수비암초의 앞바다 12개 해 리 내에 해군의 미사일 구축함 라센호를 파견했던 것이다. 중국 입장 에서 보면 영해 침입에 해당했는데, 미국은 이로써 중국의 일방적인 주장과 행동을 인정하지 않는다는 자세를 보였고, 남중국해는 중국과 주변국에 그치지 않고 미중 양 대국의 전략과 의도가 서로 충돌하는 최전선이 되었다.

'해양 강국'은 중국의 숙원 사업

이 사이 일어난 움직임은 시진핑 지도부가 내세우는 해양 강국을 지향하는 조치라 할 수 있는데, 해양 권익에 대한 중국공산당 정권의 야심은 시진핑 지도부가 발족하기 훨씬 전부터 시작되었다는 점을 짚 어둘 필요가 있다.

미국과의 관계에서 제기한 '신형 대국관계'라는 개념과 마찬가지로, '해양 강국'이라는 용어도 시진핑 지도부가 발명한 것은 아니다. 이 용어는 후진타오 총서기 시기의 군과 정부의 공식 문서에도 등장한다. 후진타오 지도부 시기였던 2009년 군은 국산 항공모함을 건조하겠다는 계획을 굳히고 그 이듬해의 '해양 발전 보고'에서 이를 공표했으며, 국가해양국도 2006년 무렵부터 중국이 관할권을 주장하는 해역에서 순찰을 진행했다. 또한 전술한 바와 같이 2008년 12월에는 센카쿠열도의 일본 영해에 해양조사선을 파견했다.

중국 정부가 자신들의 영해법에서 센카쿠열도와 스프래틀리제도를 자국의 영토라고 주장해 관계국을 놀라게 만든 것은 장쩌민 지도부 시기인 1992년의 일이다. 더 거슬러 올라가면, 중국은 1988년에 존슨 사우스암초에서 베트남과 교전했으며, 베트남전쟁의 와중이던 1974년에는 파라셀제도[Paracel Islands, 중국명으로는 시사제도(西沙諸島)]의 지배를 둘러싸고 남베트남군의 함대와 포화를 주고받았고 이들을 격퇴했다. 중국 해군에 대해 상세히 파악하고 있는 미국 싱크탱크 전략예산 평가센터(CSBA)의 토시 요시하라 수석연구원은 이 파라셀 해전이 "남중국해에서의 존재감을 확립하고 확대하고자 하는 중국의 수십 년에 걸친 조치의 시작"이라고 지적한다.

오늘날 동중국해와 남중국해를 둘러싼 대립의 불씨는 이 무렵 이미 불타오르고 있었으며, 시진핑 지도부의 강경한 해양 정책은 역대 지도부가 축적해온 커다란 전략이 국력의 힘을 입어 구체화된 것으로 파악할 수 있다.

중국의 야욕을 보여주는 '중국국치지도'

남중국해 문제에서 중국이 자주 강조하는 것이 남중국해의 섬들은 과거 제2차 세계대전에서 옛 일본군에 의해 점령되었지만 일본이 패전함에 따라 중국이 돌려받았다는 주장이다. 이러한 중국의 논리는 센카쿠열도를 둘러싼 중국의 주장과 거의 일치한다. 센카쿠열도는 청일전쟁 전후의 혼란을 틈타 일본이 불법적으로 점거했지만 제2차 세계대전의 결과 카이로선언에 기초해 중국이 되찾았다는 주장이다.

중국은 제2차 세계대전 이후에도 문화대혁명 등의 정치 혼란으로 바다를 경영할 여유를 갖지 못했기에 동중국해는 일본에, 남중국해는 필리핀과 베트남 등에 실효 지배를 허락했다고 설명하고 있으며, 이러한 정부의 설명은 중국 국내에서 설득력을 갖고 폭넓게 받아들여지고 있다. 즉, 중국이 남중국해와 동중국해에서 실효 지배를 구축·강화하고자 하는 움직임은 자원 및 안보상의 전략을 초월해 '빼앗긴 바다'를 되찾는다는 국가 부흥의 이야기로 인식되고 있는 것이다.

구미 열강의 침략과 군벌 등 국내 세력 간의 싸움이 계속되던 1927년 중화민국 시대에 중국의 출판사는 '중국국치지도(中國國恥地圖)'를 발행했는데, 홍콩중문대학의 도서관에 보관되어 있던 것을 영국의 국제정치학자 윌리엄 캘러핸(William Callahan)이 발견해 자신의 저서 『중국: 비관적이며 낙관적인 국가(China: The Pessoptimist Nation)』(2010)에서 소개했다.

'중국국치지도'라는 명칭 자체도 놀랍지만, 이 지도에서 무엇보다 시선을 빼앗는 것은 아시아의 대부분을 포함하며 둘러싸고 있는 실선이다. 이 실선에 대해서는 시대를 특정하지 않고 '과거의 국경'이라고 설명하고 있는데, 북쪽으로는 시베리아 남부와 사할린을, 동쪽으로는 한반도, 오키나와, 타이완을 포함하고 있고, 남쪽으로는 보르네오섬 북부와 말라카해협, 네팔 부근을 지나가고 있으며, 서쪽으로는 아프가니스탄과 카스피해 동안의 중앙아시아까지 포함해 둘러싸고 있다.

캘러핸에 따르면 과거 중국이 과시했던 광대한 판도가 열강의 지배에 의해 얼마나 상실되었는지를 전하고자 하는 이 지도는 신해혁명을 거쳐 중화민국이 세워진 무렵부터 중일 양국이 전면적인 전쟁에 돌입했던 1937년까지 왕성하게 만들어졌다. 발행처는 정부 계통의 기관과 민간 출판사 등 다양한데, 학교 등에서 애국주의 교육에 사용하는 것을 염두에 둔 탓인지 매우 큰 크기로 제작된 것이 많다.

이 지도가 나타내는 판도도 각기 제각각이며, "막연한 과거 왕조의 영토 영역과 (근대) 국제 시스템에서의 국경이라는 전혀 다른 공간을 제대로 된 해석" 없이 혼용하고 있어 지도로서의 신뢰성은 논외로 해야 하지만, '국치'라는 용어에서 알 수 있듯이, 당시의 중국을 지배하던 분위기를 전해주는 자료이다.

과거 왕조의 역사적 기억과 9단선

필자는 2006년 세계로 진출하는 중국인 노동자를 취재하기 위해 러시아의 연해주를 방문했다. 연해주는 '국치지도'에서 과거 중국의 판도에 포함되어 있는 지역이었다. 당시는 베이징올림픽을 앞두고 경제 성장이 현저했던 시기로, 목재의 수요를 중국 내에서 충족하지 못해 중국 기업이 노동자와 함께 러시아로 진출하고 있었다. 실제로 블라디보

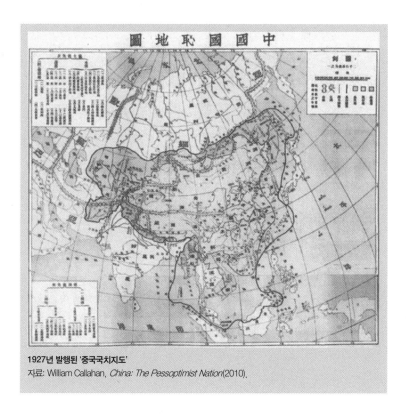

1927년 발행된 '중국국치지도'
자료: William Callahan, *China: The Pessoptimist Nation*(2010).

스토크에서 차량으로 하루를 꼬박 가야 하는 삼림 지대의 깊숙한 곳에 중국의 이주 노동자들이 거주하면서 혹한 속에서 일을 하고 있었다.

국경을 넘어 확장하는 중국의 기세를 직접 보는 듯해 압도되었지만, 당시의 취재에서 또 하나 인상적이었던 일은, 현지 중국인들이 해당 지역의 지명을 러시아어가 아니라 중국어로 부르고 있었던 것이다. 즉, 블라디보스토크를 중국어로 음역하는 것이 아니라 '하이선웨이(海參崴)'라는 중국어 표지의 지명으로 불렸다. 1860년 연해주는 베이징조

약으로 러시아에 할양되었는데, 현지 중국인들이 이 지역을 하이썬웨이로 부르는 것은 그 이전에 중국 왕조의 지배가 미쳤던 흔적을 기억하기 위해서였다.

광대한 지역으로 세력을 넓혔던 왕조 시대에 대한 기억은, 그 기억이 의미하는 바에 개인 차이가 있다고 해도, 현대를 살아가는 중국인들에게 계승되고 있는 듯했다. 사람이 민족의 역사를 생각하고 자신의 기원을 탐색하는 것은 자연스러운 일이다. 하지만 독자적인 역사관이 지도자의 언동이나 실제 정책에 짙게 반영되어 타국과의 마찰과 대립을 초래한다면 이야기는 달라진다.

2009년 말레이시아와 베트남이 유엔의 위원회에 대륙붕의 연장을 신청하자 중국공산당 정권이 이에 반론하면서 주장했던 내용을 보면 이러한 경향이 여실히 드러난다. 중국은 중국 남부의 연안에서부터 남중국해의 거의 전역을 둘러싸는 '9단선'[9개의 파선(破線), 68쪽 그림 참조]이 제시된 지도를 제출하고 그 안쪽의 관할권을 국제사회에 호소하기 시작했던 것이다.

9단선은 중국공산당 정권이 수립되기 이전인 1947년 당시의 중화민국이 만든 지도에 게재되었던 것이 시초였던 것으로 여겨진다(당시에는 11단선). 그 이후 9단선이 국제적으로 화제가 되는 일은 거의 없었지만 후진타오 지도부는 그 9단선이 무엇을 근거로 하고 어떠한 의미를 갖는지 명확히 밝히지 않은 채 그 해역에서의 권익을 주장하면서 외국 선박을 단속하는 등의 움직임을 강화했던 것이다.

생긴 모양 때문에 '소의 혀'라고 불리기도 하는 9단선이 '국치지도'에 묘사된 왕조 시대의 판도 개념과 깊이 연관되어 있다는 것은 쉽게 짐작할 수 있다. 하지만 이 같은 중국의 주장은 1982년에 채택된 유엔 해양법 조약은 물론이고 근대 이래의 영토와 주권의 개념과도 양립하는 이질적인 세계관이라고 볼 수밖에 없다. 이처럼 느닷없이 주변국에 강제하는 듯한 중국의 해양 정책에 국제사회가 당혹해하면서 깊은 우려를 표한 것은 당연한 일이다. 전술한 바와 같이 필리핀의 호소를 받아들인 중재재판소는 2016년 7월 이 9단선의 안쪽 해역을 중국이 "배타적으로 지배해왔다는 증거가 없다"라면서 중국의 주장을 전면적으로 기각했다. 하지만 중국은 중재재판소에 이 문제를 재판할 권한이 없다면서 판결의 수용을 거부했다. 지금으로서는 시진핑 지도부가 '빼앗긴 바다'를 되찾는다는 야심을 버리고 강경한 해양 정책을 재검토할 징후는 보이지 않는다.

중국의 외교적 강온 전략

중재재판소는 중국의 '전면 패소'에 가까운 판결을 내렸지만, 그로부터 겨우 2주일 전에 필리핀의 대통령에 취임한 로드리고 두테르테는 중국과 첨예하게 대립했던 베니그노 아키노 전임 대통령의 노선을 완전히 바꾸어 극단적이라고 할 수 있는 언동으로 '반미·친중'의 행보를 보이기 시작했다. 외교 소식통에 따르면, 그 이면에는 과거 주필리핀 대사를 역임한 쑹타오(宋濤) 중국공산당 중앙대외연락부장 등을 중심으로 한 중국의 움직임도 작용했다. 중재재판소가 판결을 내리기 직전에 필리핀에서는 6년마다 치러지는 대통령선거가 실시되었는데, 이 선거에서 당선된 두테르테 대통령이 남중국해 문제가 쟁점화되는 것을 피한 것은 중국으로서는 커다란 행운이었다. 중국은 그 해 9월 최대의 외교 일정으로 중시하던 G20 회의를 항저우(杭州)에서 개최할 예정이었는데 중국이 국제사회로부터 고립된다면 주최국으로서의 체면을 유지하지 못할 우려가 있었기 때문이다.

필리핀의 부드러워진 태도를 순풍 삼아 중국은 동남아시아국가연합(ASEAN)에 친중 성향의 국가들을 편입시킴으로써 ASEAN과 미국·일본이 함께 목소리를 내며 중국을 비판하는 사태를 방지하는 데 성공했다. "페이지는 이미 넘어갔다"(왕이 외교부장의 발언)라며 판결을 둘러싼 대립을 마무리 지은 중국은 G20 회의에서는 경제를 중심으로 세계와의 조화를 도모했으며 '책임 있는 대국'으로서의 역할을 수행한다는 메시지를 왕성하게 발산했다.

미국 오바마 대통령, 일본 아베 신조 총리와도 회담한 시진핑은 연설에서 "중국은 세력 범위를 확대하고자 하는 것이 아니며 다른 국가들과 함께 발전하고자 한다. 자신만의 뜰을 만들고자 하는 것이 아니라 각각의 국가가 함께 즐길 수 있는 화원을 만들고자 하는 것이다"라며 융화적인 자세를 취했다. 시진핑의 호소는 남중국해에서의 중국의 행동을 직접 봐온 국가들에는 공허하게 들렸겠지만, 시진핑 지도부의 대외 전략 가운데 하나가 경제적인 실리에 기초해 타국과 협조하는 것임은 분명하다.

시진핑 지도부는 2013년 10월, 당중앙의 주요 간부 외에 외교부, 군, 지방정부의 간부, 각국에 파견한 대사 등을 모아 '주변 외교 공작 좌담회'를 개최했다. 신지도부의 외교 방침을 굳히는 이 중요한 회의에서 시진핑은 '친(親, 친밀), 성(誠, 성실), 혜(惠, 호혜), 용(容, 관용)'을 축으로 하는 '주변 외교'라는 사고방식을 제기하고 '중국의 꿈'을 실현하기 위해 이 방침을 추진한다고 논했다. 당시 시진핑은 '분발유위(奮發有

爲)'(성과를 기대하며 용감하게 일을 한다)라는 강력한 용어를 사용했는데, 이는 덩샤오핑 이래의 '도광양회(韜光養晦)'(능력을 드러내지 않으며 실력을 축적한다)를 취지로 하는 외교 노선을 전환하는 것이라 분석되기도 했다. 하지만 주변 외교라는 개념 자체에는 "발전하는 데 필요한 양호한 환경을 정비하기 위해"(시진핑의 발언) 인접 국가들과의 관계를 진지하게 재정립한다는 노림수가 내포되어 있었다. '주변 외교'는 그 이후의 공식 문서에서도 미국과의 '신형 대국관계'보다 먼저 언급될 정도로 중요한 외교 방침이 되었으며, 이후 제기된 육상과 해상의 실크로드 경제구상 '일대일로(一帶一路)'를 밑받침하는 외교적 이념이 되었다.

2016년 10월 처음으로 중국을 공식 방문한 두테르테 대통령을 중국이 환대하는 장면에서는 과거 중국의 황제가 공손한 자세를 보인 주변 제후에게 막대한 반대급부와 권위를 부여했던 책봉 체제의 잔상을 본 사람들도 있었을 것이다.

중국 대외 정책의 일관성

하지만 해양 권익을 둘러싼 강경 노선과 주변 외교에서 선보이는 융화적인 자세 사이의 중국의 간극은 다른 나라를 곤혹스럽게 하며 도대체 중국이 어떠한 국가가 되고자 하는지 의구심을 심화시키는 원인이 되고 있다. 이에 대해서는 주권과 해양 권익을 중시하는 군 및 해양 당국과, 국제사회와의 안정된 관계를 필요로 하는 경제 관련 관청 및 외교 당국 간의 줄다리기 때문이라는 해석도 가능하다. 하지만 중국 정책 결정의 틀에서 보면 정권 운영의 방향과 국가적인 위기관리에 영향을 미치는 중요한 판단은 중국공산당 지도부에 위임되어 있다. 특히 권력의 집중을 추진하고 있는 시진핑의 전략 사고에서는 주권과 해양 권익이 어떻게 규정되며 어떻게 최종적인 판단을 내릴지가 더욱 중요하다.

외교 문제, 특히 대미 정책과 관련해 당중앙으로부터 의견을 요구받은 중국 대학교 소속의 한 간부는 "외교 문제의 전문가들은 대부분 남중국해 상황이 최선이라고 생각하지 않는다. 하지만 남중국해 문제에 한정해서는 당으로부터 일절 문의가 없으며 중재재판소의 판결 이후에도 이러한 상황은 변하지 않고 있다. 당 지도부의 흔들림 없는 방침이 굳어지고 있다는 증거이다"라고 밝혔다. 이것은 남중국해 문제를 둘러싼 정책이 시진핑 본인의 굳은 결의하에 추진되고 있음을 시사하는 증언이다.

센카쿠 문제로 중일 양국 간의 긴장이 최고조에 달했던 2013년 봄, 필자의 취재에 응했던 당 중앙위원은 "주권과 영토를 둘러싼 의연한 대응에 사람들의 지지가 높아지고 있다는 보고가 당중앙에 올라왔다. 댜오위다오 문제를 양보할 경우 정권이 무너진다. 그러한 문제인 것이다"라고 말했다.

≪인민일보≫에 따르면, 시진핑은 2015년 10월 영국을 방문하기 이전에 가진 인터뷰에서 남중국해 문제에 대해 "자국의 영토 외의 토지를 요구하는 것은 확장주의이지만 중국은 한 차례도 그런 적이 없다. 따라서 의심과 비판을 받을 까닭이 없다"라고 밝히면서, 쟁점이 되고 있는 것은 어디까지나 중국이 타국에 '빼앗긴 바다'라는 강한 신념을 내비쳤다. 또한 시진핑은 "우리는 성가신 일을 일으킬 계획은 없지만 성가신 일을 두려워하지도 않는다. 영토와 주권에 대해서는 단호하

게 지킨다"라고 말했는데, 이는 남중국해와 동중국해 문제가 중국공산당 정권에 있어 타협의 여지가 없는 문제로, 외교상의 득실과는 차원이 다른 문제라는 입장을 표명한 것처럼 들린다.

싱가포르의 건국의 아버지로 일컬어지는 리콴유 전 총리가 중국공산당의 역대 지도자들과 깊은 친교를 맺어왔다는 것은 이 책의 서장에서도 밝힌 바 있다. 시진핑도 2007년 중국을 방문한 리콴유와 회담했는데 리콴유는 시진핑을 "넬슨 만델라급의 인물"이라며 높이 평가하기도 했다. 이러한 리콴유는 2011년 6월 그레이엄 앨리슨 교수와의 인터뷰에서 "중국이 가진 사고의 핵심은 그들이 식민지화되어 착취와 굴욕을 받기 이전의 세계이다"라고 말한 바 있다. 식민지 지배와 그 이후의 혼란 속에서 '빼앗긴 바다'를 되찾는다는 중국의 논리는 이러한 지적과 일치한다. 리콴유는 또한 "중국어로 중국은 '중화(中華)'를 뜻하는데, 이는 그들이 이 지역에서 지배적인 지위를 차지하는 세계를 상기시키는 것이다"라고 말하기도 했다. 이는 왕조 시대의 책봉 체제처럼 중국이 압도적인 힘과 존재감으로 아시아에 우뚝 서고 주변국이 그 권위에 따르는 세계에 대한 동경이 중국의 지도자에게 남아 있음을 시사하는 것이다. 그러한 책봉 체제의 이미지와, 압도적인 경제력을 배경으로 주변국을 매혹시키는 '주변 외교' 및 '일대일로' 사이에서 서로 교차되는 부분을 찾아내는 것은 어렵지 않다.

시진핑 지도부의 대외 정책은 두 개의 얼굴을 가진 용처럼 파악하기가 어렵긴 하지만, 그러한 역사적인 배경과 사명감을 감안하면 중국이 지향하는 바를 대략 파악할 수 있다.

중일 간
지각변동

중국에서 발발한 대규모 반일 시위

필자가 베이징에서 일하던 2012년부터 4년여 동안은 센카쿠열도를 둘러싼 대립과 역사 문제로 중일 관계가 '국교 정상화 이래 최악'이라고 일컬어질 정도로 추락해 한치 앞이 보이지 않는 긴장감이 감돌던 시기였으나, 한편으로는 일부이긴 하지만 개선의 징후를 보인 시기이기도 했다.

일본이 센카쿠열도를 국유화한 이후 중국 각지로 확대된 반일 시위의 격렬함과, 이러한 상황이 양국 국민의 정서에 미친 상처의 깊이는 새삼 설명할 필요도 없을 것이다. 장기간 중국에 뿌리를 내리고 지역의 발전과 고용 창출에 공헌해온 일본계 마트와 공장이 습격을 당했으며, 산시성(陝西省) 시안(西安)에서는 일본 자동차에 탑승하고 있다는 이유로 중국인이 흉기로 얻어맞는 사건까지 일어났다. '애국 민족주의'의 위험에 세계는 놀랐으며 양심 있는 중국인들도 눈살을 찌푸리고 가슴으로 아파했다.

필자 주위에 있던 사람들은 "정치 이야기는 하지 않는다"라는 자세로 대해주었기 때문에 필자나 필자 가족이 신변의 위험을 느끼는 일은 없었지만, 택시에 탑승해 기사에게 "어디서 왔나요?"라는 질문을 받으면 난처한 상황을 피하기 위해 "한국"이라고 대답하는 등 긴장감이 흐르기도 했다. 시위가 종결된 이후에도 베이징의 서점에서는 무라야마 하루키를 비롯해 일본 작가의 작품이 치워진 상태가 유지되었으며 영토를 둘러싼 대립과는 관계없는 지자체와 청소년 간 교류도 차례로 중단되었다. 이러한 상황은 중국공산당과 정부가 지시했다기보다 일본에 관련됨으로 인해 불필요한 리스크를 짊어지고 싶지 않은 현장의 판단에 따른 측면이 컸던 것으로 보인다. 하지만 사회에 확산된 이러한 분위기는 도리어 중일 간에 가로막고 있는 문제가 매우 뿌리 깊다는 사실을 보여주는 것으로 여겨져 왜 이렇게 되었는지 거듭 생각하게 만들었다.

그 이유 가운데 하나가 역사 문제임은 틀림없다. 역사에서 '만약'이라는 가정은 무의미하지만, 중국에서 생활하던 당시에는 '항일전쟁이 없었더라면'이라고 생각하지 않을 수 없는 순간이 많았다. 센카쿠 열도를 둘러싼 대립도, 안보를 둘러싼 문제도 전쟁의 깊은 응어리 때문에 쌍방이 완강해지고 논의나 사태가 극단적인 방향으로 폭주하기 일쑤였기 때문이다.

항일전쟁에 대한 중국인들의 자부심

"일어나라, 노예가 되는 것을 바라지 않는 사람들이여"라는 가사로 시작하는 중국의 국가 「의용군 행진곡(義勇軍行進曲)」이 항일전쟁을 모티프로 하고 있다는 사실은 잘 알려져 있다. 1921년에 탄생한 중국 공산당은 일본의 침략에 저항하기 위해 당시의 국민당 정권과 이합집 산을 반복하면서 주로 농촌 지대에서 게릴라 전투를 담당했다. 일본이 항복한 이후에는 농민 등으로부터 지지를 받아 국민당과의 내전에서 승리해 1949년 중화인민공화국을 수립했다.

일본의 침략으로부터 조국을 지켰다는 사실은 개혁개방 이래 실현한 경제성장과 더불어 중국공산당이 중국을 이끌고 있는 가장 큰 이유이자 정권의 정통성이 지속되는 근거이다. 애국주의 교육으로 아이들에게 항일전쟁의 역사를 배우도록 하는 이유도 여기에 있다.

중국공산당이 이와 같은 의미를 부여해온 항일전쟁에 시진핑 지도부는 또 하나의 의미를 추가해 이를 정치적으로 이용하고자 했다. 제2차 세계대전 종결 70주년인 2015년에 전개한 '반파시즘 전쟁' 캠페인이 그것이다. 항일전쟁을 중국공산당과 옛 일본군 간의 전쟁에 국한하지 않고 미국·영국·옛 소련 등이 나치 독일과 싸웠던 유럽 전선 및 미국과 일본의 태평양전쟁을 포함한 세계대전의 틀에서 다시 파악함으로써 자신들이 연합국의 일원으로서 그 승리에 공헌했다는 입장을 분명히 제기한 것이다.

그해에 베이징의 중국인민항일전쟁기념관에서 개최된 특별전 '위대한 공헌'은 중국공산당 정권의 새로운 역사관을 잘 말해주었다. 이 특별전은 "우리의 적은 세계의 적이었다. 중국의 항일전쟁은 세계적인 싸움이기도 했다"라는 마오쩌둥의 말로 시작했으며, 중국공산당군의 막영에 미군의 시찰단이 방문한 사진과 추락한 미군기의 조종사를 중국의 민중이 도운 사진 등이 나란히 걸렸다. '세계반파시즘전쟁에서의 중국 항일전쟁의 공헌'이라는 제목의 커다란 패널에는 "참전국 61개국의 인구 17억 명 가운데 중국인은 4.5억 명이며, 전투 구역 2200만km² 가운데 중국은 600만km²를 차지한다"라는 수치도 소개되었다.

　　일본의 패전 이후 중국의 지배를 둘러싸고 국공내전이 시작되었고 이 내전에서 승리해 국민당을 타이완으로 내몬 중국공산당은 그 이후에도 항일전쟁에서 국민당이 수행한 역할을 인정하지 않았다. 하지만 이 특별전에서는 장기간 금기시되어왔던 국민당의 군과 지도자의 공적도 '중국군'이나 '중국 정부'의 일로 소개했다. 즉, 항일전쟁을 이른바 '모든 중국'의 전투로 당당하게 선전했던 것이다.

군사 퍼레이드를 통한 군사력 과시

　　이러한 상황이 가능해진 데에는 타이완의 마잉주(馬英九) 정권하에서 국민당과의 융화 노선이 진전된 점이나 냉전이 물러간 뒤 미국과의 관계가 심화된 점 등이 배경으로 작용했다. 어쨌든 시진핑 지도부는 중국은 미국·영국 등과 함께 싸웠던 연합국의 일원이라는 점, 이러한 역사 캠페인을 진행하는 것 또한 "유엔 헌장을 기초로 하는 국제질서를 지키기 위해서"(왕이 외교부장의 발언)라는 점을 강조했다. 즉, 항일전쟁은 '중국공산당이 옛 일본군을 격파하고 중국을 구했다'라는, 중국 국내를 향하던 기존의 의미에 더해, 역사와 전후 국제질서의 문맥에서 중국은 미국·영국·러시아 등과 동일한 위치에 있다는, 세계를 향한 메시지도 갖게 되었다고 할 수 있다.

70주년을 맞아 벌인 반파시즘 캠페인이 센카쿠를 둘러싼 대립과 아베 총리의 야스쿠니 신사 참배 등에 대항한 조치라는 데에는 의심의 여지가 없다. 하지만 계획에 관여했던 역사학자들은 일련의 구상이 후진타오 지도부 시대부터 시작되었다고 입을 모은다. 2005년에 모스크바의 붉은 광장에서 열린 '대독전쟁(對獨戰爭) 승리 60주년' 기념식에 후진타오가 출석했을 때 미국의 부시 대통령, 일본의 고이즈미 준이치로 총리, 영국 및 프랑스의 정상, 독일의 게르하르트 슈뢰더(Gerhard Schröder) 총리까지 출석했던 데 놀라서 중국이 이러한 구상을 시작했다고 말하는 전문가도 있다.

역사의 측면에서 볼 때 중국의 국제적인 지위를 강화하고자 하는 조치가 시진핑의 '중국의 꿈'과 깊이 결부되고 있다는 것은 2015년 9월 3일 베이징의 톈안먼광장과 장안가에서 성대하게 치러진 '중국인민항일전쟁·세계반파시즘전쟁 승리 70주년' 기념식에서 단적으로 나타났다. 구미 주요국에서는 일본의 눈치를 보느라 정상급이 참여하지 않았기 때문에 10년 전 모스크바에서와 같은 기념식이 재현되지 못했고, 반파시즘을 통해 세계와의 연대를 호소하려던 시진핑 지도부의 의도는 빗나갔다. 하지만 신예 무기를 과시한 군사 퍼레이드를 앞세움으로써 중국이 더 이상 타국에 의해 유린되는 일이 없을 것임을 국민들에게 강하게 호소한 시진핑은 톈안먼에서의 연설에서 "위대한 승리는 세계에서 대국으로서의 중국의 지위를 다시금 확립했다. 위대한 승리는 중화민족의 위대한 부흥에 밝은 미래를 열었다"라고 말했다.

중일 국교 정상화를 위한 군민 이분론

2012년 9월 발발한 반일 시위는 폭주에 대한 비판과 우려가 확대되고 중국 당국이 자제시키는 자세로 전환하자 점차 진정되어갔다. 하지만 그렇다고 일본에 대한 인민의 반발과 불신이 수습된 것은 아니었다.

일본에서는 그 해 12월 치른 총선거에서 민주당 정권이 참패하고 제2차 아베 신조 내각이 발족했다. 아베는 총리가 된 2006년, 첫 해외 방문 국가로 중국을 선택했다. 아베 총리는 고이즈미 준이치로 전임 총리의 야스쿠니 신사 참배 문제 등으로 가로막혀 있던 중일 관계를 호전시킨 전적도 있었으므로 중국 측은 아베 정권의 발족이 중일 관계의 재건으로 이어지는 것 아닌가라는 기대를 갖고 있었다. 하지만 그 이후에도 중국은 센카쿠 주변에 공선을 계속 파견하는 등 일본의 실효지배에 도전하는 시도를 포기하지 않아 긴장이 완화될 징후는 줄곧 보이지 않았다. 그러한 가운데 제1차 내각에서 야스쿠니 신사 참배를 하지 않았던 것을 '통한의 극치'라고 언급한 아베는 2013년 12월 총리가 된 후 처음으로 야스쿠니 신사 참배에 나섰다. 중국은 일본의 안보 관련 법안을 둘러싼 논의와 관련해서도 아베가 중국의 위협을 지렛대로 삼아 여론을 형성하고 있다고 보고 강하게 반발했다.

중국인들을 곤혹스럽게 만든 것은 그러한 아베가 일본에서 높은 지지율을 유지하고 있다는 사실이었다. 일본의 유권자가 아베 정권을 지지하는 이유는 주로 아베노믹스를 축으로 하는 경제 정책 등에 대한 기대감 때문이었을 뿐, 내각 지지율이 아베의 역사관과 안보 정책에 대한 지지와 동일하지는 않았다. 하지만 일본 국민이 중국에 대해 품고 있는 불안감과 반발이 아베 정권의 대중(對中) 자세를 뒷받침한 측면이 있었다는 것은 확실했다. 그러한 의미에서 중국인들이 일본의 민심이 변화했음을 느꼈다고 할 수 있다.

상대를 바라보는 중일 양국 국민의 시선이 갈수록 싸늘해짐에 따라 중일 관계를 밑받침해왔던 하나의 기둥이 크게 흔들리고 있음을 필자는 느꼈다. 그 기둥은 바로 1972년 일본과의 국교 정상화 당시 중국 인민들의 반발을 억누르기 위해 중국공산당이 제창한 '군민(軍民) 이분론'이라는 사고방식이다.

제2차 세계대전 이후 단절된 중국과 일본의 국교 정상화가 도모된 배경에는 중국과 소련 간 심각한 대립과 이러한 대립이 초래한 미중 간의 급속한 관계 진전이라는 국제 정세가 작용했다. 하지만 중국 인민에게는 아직 전쟁의 기억이 생생해 마오쩌둥이 절대적인 권위로 군림한다고 해도 일본과의 관계 개선을 받아들이기 어려웠다. 정부에 설명해야 할 책임이 있다는 사고를 거의 하지 않던 시대였음에도 중국공산당 정권은 여론을 설득할 필요에 내몰렸다.

이에 중국공산당이 강조한 것이 '침략의 책임은 일부 일본 군국주의자에게 있으며 일반 일본 국민 또한 전쟁의 피해자였다'라는 사고방식이었다. 이는 국교 정상화를 앞두고 갑작스럽게 제기된 것은 아니었다. 중국공산당의 지도자들은 1950년대에 중일 양국의 관계 회복을 바라는 일본의 재계 인사 등을 맞이할 때부터 이러한 입장을 전했다. 제1차 아베 정권 시대에 발족했던 '중일 역사 공동 연구'의 중국 측 좌장이던 중국사회과학원 근대사연구소의 부핑(步平) 전임 소장은 "중국공산당의 입장에서 말하자면, '이분론'은 대단히 자연스러운 사고방식이었다. 계급투쟁의 관점에서 보자면 전쟁이란 소수의 통치자가 대다수의 피통치자를 끌어들이는 것이며, 피통치자는 피해자라는 구도가 된다"라고 설명했다.

다나카 가쿠에이 총리의 역사적인 방중을 앞두고 있던 1972년 중국공산당은 군민 이분론을 서민에게 주입하기 위해 각지에서 선전 공작을 전개했다. 일본 연구자로 알려져 있는 상하이국제문제연구원의 우지난(吳寄南) 연구원은 당시의 일을 구체적으로 기억하고 있었다.

1972년 9월 14일 상하이에 있는 한 방직공장의 당 위원회 간부였던 우지난은 갑자기 당으로부터 호출을 받고 상하이에서 가장 큰 홀이 있는 문화광장으로 달려나갔다. 문화광장 외에도 시내에 13개의 회의장이 설치되어 약 14만 명의 간부가 모이고 있다는 소식을 들었다. 인파로 붐비는 회의장의 스피커로부터 들려온 것은 그 무렵 시정부의 역할을 담당했던 시 혁명위원회 간부의 다음과 같은 지시였다. "마오쩌둥 주석과 당중앙은 일본과의 국교를 정상화하기로 결정했다. 복잡한 과정이 있었지만 이것은 당중앙의 중요한 전략적 배치이다." 지시에는 "일본 국민 또한 전쟁 피해자이다"라는 이분론이 들어가 있었다. 그런 뒤 그 해 7월에 일본을 친선 방문했던 상하이의 발레단 대표가 일본에서 받았던 환영과 중국과의 우호를 바라는 일본 국민의 모습이 보고되었다. 대회가 끝나자 간부들은 직장으로 돌아가 노동자들에게 당의 결정을 받아들이도록 하라고 요구받았다.

그러나 노동자들의 반발은 예상보다 매우 거셌다. 우지난은 공장의 강당에 각 부문 대표 10여 명을 모아 당의 결정을 전했는데, "절대로 인정할 수 없다", "일본인에게 속지 않도록 상부에 보고하라"라는 등 말 붙일 엄두도 내지 못할 정도였다. 망연자실해진 우지난은 공장을 퇴직한 선배 가운데 방일했던 발레단의 간부가 있었다는 사실을 생각해내고 그에게 기대려는 심정으로 그의 자택을 찾아갔다.

그를 맞이한 선배는 일본을 방문했을 당시의 상황을 상세하게 설명해주었다. 발레단이 우익단체의 항의에 직면하지 않도록 해당 지역의 단체가 숙박 호텔을 철야로 경비해준 것, 중국에 출병했던 옛 병사가 발레단을 찾아와 눈물을 흘리면서 "잘못했다"라고 사죄한 것, 일본 공연이 끝난 후 일본 민요 「사쿠라사쿠라」가 삽입된 앨범을 단원들에게 배급해준 것 등 당시 중국에서는 거의 전해지지 않았던 일본에서의 뒷얘기를 들었고, 우지난은 "지금 이 이야기를 공장에서 해주지 않겠습니까?"라고 부탁했다. 선배는 흔쾌히 승낙하고 나중에 열린 직장 집회에서 "일본 국민은 우리와 마찬가지로 평화를 바라고 있다. 중국 인민과 사이좋게 지내고 싶다는 생각을 갖고 있다"라고 호소했다.

이러한 설득 공작은 옛 일본군이 할퀴고 지나간 자국이 깊게 남아 있는 동북 3성 등 중국 각지에서 행해졌다고 한다. 당시에는 겉으로 드러나지 않았지만 필사적인 여론 공작을 거쳐 중국은 다나카 가쿠에이 총리를 환대하며 맞이했고, 양국은 9월 29일 중일 공동성명을 조인하기에 이르렀다.

군민 이분론의 한계

군민 이분론은 제2차 세계대전 이후 군국주의와 결별하고 평화국가의 길을 걷게 된 일본인에게도 쉽게 받아들여졌다. 중국에서 개혁개방이 본격화된 1980년대에 들어서자 민간의 교류도 확대되어 일본인의 약 70%가 중국에 대해 '친밀감을 느낀다'라고 답하는 상황이 되었다. 하지만 전쟁의 기억은 당의 선전 공작만으로 사라질 수 있는 것이 아니었다. 1980년대에도 전쟁을 기술한 일본 교과서의 검정 문제와 일본 정치가의 야스쿠니 신사 참배 등으로 중일 양국은 마찰을 거듭했다. 특히 A급 전범 등을 합사(合祀)하고 있는 야스쿠니 신사를 일본의 총리와 각료가 참배하는 것은 중국의 관점에서 보자면 군국주의자와 국민을 구별하는 이분론의 근본을 동요시키는 움직임이었다.

그럼에도 당시에는 중일 관계를 유지하는 것이 우선시되었다. 중국 정부는 당시 '일부 정치가에게 문제는 있지만 대부분의 일본 국민은 전쟁에 반대하며 중국과의 우호를 바라고 있다'라는 입장으로 여론의 반발을 억누르고 있었는데 일본에서는 이를 별로 의식하지 않았다. 당시 중일 쌍방은 군민 이분론하에 교류를 확대하고 우호를 강조하면서 새로운 관계를 구축해나갔으나, 역사인식 문제와 진지하게 마주하는 것은 서로 피했다. 이로 인해 후세에 불씨를 남겼다는 생각을 떨쳐 버릴 수 없다.

일본이 센카쿠열도를 국유화한 이후 센카쿠 주변에서 우발적인 충돌이 일어날 우려가 심화되는 가운데 중일 양국 정부는 서서히 대화를 재개하고자 탐색했다. 그러던 중 2014년 11월 베이징에서 개최된 아시아·태평양경제협력체(APEC)의 회의장에서 시진핑과 아베의 정상회담이 처음으로 실현되었다. 그로부터 1개월 후 시진핑은 난징사건을 추도하는 집회에서 연설하면서 "소수의 군국주의자가 침략 전쟁을 일으켰다고 해서 그 민족을 적대시해서는 안 된다. 죄와 책임을 짊어지는 것은 소수의 군국주의자이지, 인민이 아니다"라고 강조했다. 시진핑이 총서기가 된 이후 군민 이분론에 대해 언급한 것은 최초의 일로, 이는 중국공산당 정권이 일본과의 관계를 개선하는 국면에 진입했음을 중국 인민들에게 보여주는 신호이기도 했다.

그 직후 필자가 베이징에서 일본 문제 전문가들과 모였을 때도 당연히 시진핑의 '이분론'이 화제가 되었다. 그들은 "중일 관계의 앞날을 생각하면 환영할 만한 일이다"라고 전향적으로 평가했지만, 그중 한 사람은 "그렇지만 인민은 이를 진심으로 받아들이지 않을 것이다"라고 단언했다.

군민 이분론은 역사 문제라는 무거운 짐을 짊어지고 있는 양국이 어쨌든 관계를 다시 구축하기 위해 필요한 것으로 여겨지는 틀이며, 그 개념이 중일 국교 정상화의 길을 열고 교류를 확대하는 데 수행해 온 역할은 크다. 하지만 중일 쌍방이 놓인 상황이나 사람들의 의식이 크게 변화하고 있는 지금 군민 이분론은 설득력을 급속하게 잃고 있다. 2016년에 타계한 부핑 전임 소장은 생전에 이렇게 말했다. "문제는 우리가 역사 문제를 국교 정상화 시기의 모델로밖에 간주하지 않았다는 점이다. 역사를 초월해 나아가기 위한 관건은 무엇보다도 상대를 이해하는 것이다. 이를 위해서는 지금까지보다 깊은 수준에서 상대방을 이해하는 수밖에 없다."

중일 간 '합의 미루기'에 대한 폭로

센카쿠열도 국유화 문제로 중일 간의 긴장이 높아질 당시 "국면을 타개하기 위한 파이프가 없다"라는 말을 쌍방의 외교 관계자와 연구자로부터 자주 들었다. 그러한 한탄은 과거에 깊은 신뢰를 구축했던 것으로 여겨지는 노나카 히로무 전임 관방장관과 쩡칭훙(曾慶紅) 전임 국가부주석, 나카소네 야스히로 전임 총리와 후야오방(胡耀邦) 전임 총서기와 같은 리더 간의 긴밀한 인간관계가 양국 사이에 없다는 사실을 지적하는 것이었다.

그러한 가운데 2013년 6월, 정계를 은퇴한 지 오래된 노나카 히로무가 초당파 의원들을 이끌고 베이징에 왔을 때의 일은 매우 인상적이었다. 일본이 센카쿠열도를 국유화한 이후 양국의 국민감정이 계속 악화되고 센카쿠열도 주변의 해역에서 양측 선박이 대립하는 상황을 우려했던 노나카는 하루 동안 중국의 요인 4명과 회담을 진행했다. 노나카와 중국 요인 간의 저녁 만찬 이후 시작된 기자회견 분위기는 처음부터 긴장감이 돌았다. 노나카가 중국공산당 최고지도부 일원인 류윈산(劉雲山)과의 회담에서 센카쿠열도의 영유권을 둘러싸고 중일 간에 '합의 미루기'가 있었다고 전한 것이 이 단계에서 밝혀졌기 때문이다. 이미 논한 바와 같이 국교 정상화를 위해 1972년 진행된 중일 간 교섭에서 센카쿠의 영유권을 둘러싸고 '합의 미루기'가 있었다는 것은 중국 측의 주장이며, 일본 정부는 이를 부정하고 있었다. 따라서 노나카의 발언은 일본 정부의 입장과 반대되는 것이었고 이에 대해 스가 요시히데 관방장관은 "대단히 위화감을 느낀다"라며 불쾌감을 보였다.

기자회견에서 이 문제에 대한 질문을 받은 노나카는 1972년 가을 하코네에서 개최된 자민당 다나카파의 청년연수회에서 중일 국교 정상화를 마치고 귀국한 지 얼마 되지 않은 다나카 가쿠에이 총리 본인에게서 '합의 미루기'를 했다는 말을 들었다면서, "당시의 일을 알고 있는 산증인으로서 이를 밝히고 싶다고 생각했다"라고 힘주어 말했다. 노나카는 "긴장감이 이처럼 장기간 지속될 경우 어디선가 일발이 터지는 것만으로도 불행한 전쟁이 시작된다"라고 말하기도 했는데, 이는 지도자와 정부 간의 의사소통이 지체되고 있으므로 사태를 타개하지 않으면 엄청난 일이 발생할 것이라는 초조함을 드러낸 것이었다.

노나카 발언의 시비는 차치하더라도, 이 시기에 이뤄진 회견은 전쟁의 두려움과 비참함을 잘 알기 때문에 중일 간의 관계 만들기에 진력해온 노정치가의 기백을 느끼게 했다.

중국 내 지일파의 현실

여기서는 베이징을 방문한 노나카에 대한 중국 측 한 간부의 대응을 기록하고자 한다. 그의 이름은 익명으로 처리하겠다. 그 중국 간부와 동행했던 복수의 소식통에 따르면 그는 문제 해결의 단초를 찾고자 '합의 미루기'에 대해 증언까지 했던 노나카에게 청일전쟁 이래 역사 문제에서 일본이 거듭해온 잘못에 대해 사전에 준비한 것으로 보이는 원고를 저녁 만찬을 앞두고 1시간 넘게 읽었다고 한다.

이튿날 아침 노나카가 숙박하던 호텔 로비에서 필자가 일본으로 귀국하는 일행을 기다리고 있을 때, 방중단에 소속되어 있던 한 일본 의원이 당시를 회상하면서 "'일본도 한 걸음 물러섰으니 중국도 한 걸음 물러서 달라'는 부탁을 하기 위해 목숨을 걸고 중국을 방문한 노나카에게 상대는 흙발로 서슴없이 난입했다"라며 분노를 숨기지 않았다. 중국 정부 내에서도 손꼽히는 지일파로 간주되어왔던 그 간부는 그 이후에도 방중한 일본의 요인에게 똑같은 대응을 반복했다고 들었다.

그 이후 수년간 필자는 그 간부처럼 일본을 준엄하게 대하려는 사람들을 여러 차례 보았다. 물론 당시의 긴장된 분위기와 중국의 정치

체제하에서 그들은 일본인으로서는 상상도 할 수 없는 무거운 압력을 받았을 것이다. 그렇다고는 해도 '친일'의 낙인이 찍히지 않도록 행동하는 그들의 모습을 마주할 때마다 극소수의 정치가와 관료에게 의존하는 대중 외교는 한계에 도달하고 있다는 생각이 강하게 들었다.

새로운 중일 관계를 정립해야

중일 양국을 연결하는 파이프가 가늘어지고 있다는 것을 어떻게 받아들여야 할까? 중일 관계를 계속 관찰해온 중국사회과학원 일본연구소의 리웨이(李薇) 소장에게 물어본 적이 있다. 리웨이 소장은 "중국이나 일본 같은 대국이 개인적인 관계에 의존하고 있다는 것 자체가 이상한 것이다. 우리는 민간을 포함해 더욱 폭넓은 관계를 만들지 않으면 안 된다"라고 말하면서, 예를 들어 미중 간에는 정치적인 대립이 있더라도 경제는 물론 연구 기관과 대학, 지자체 등의 교류는 지속되어왔다고 지적했다. 리웨이 소장이 말한 바와 같이, 센카쿠 문제를 계기로 중국과 일본은 민간을 포함한 다양한 교류가 중단된 상태이다. 역사의 응어리가 있다 하더라도 상대국에 대한 인상이 좋지 않다는 여론조사 비율이 90%에 달하는 현실은 위험하며, 이는 상호 이해가 결여되어 있다는 증거라 할 수 있다.

중국에 살면서 매일 중국인과 교류해 중국의 실정을 잘 알고 있는 일본인들로부터는 "언론은 일본의 대중(對中) 이미지에 따른 정보만 유포하고 있다"라는 비난을 자주 받았다. 정치의 세계에서는 중국 내부의 이성적인 동향도 집어삼켜지곤 하는데 필자가 그러한 분위기에 휩

쏠렸던 측면은 있다. 중국의 시각과 입장을 전하는 기사는 주의 깊게 작성하지 않으면 일본으로부터 비판을 받는다는 중압감도 느꼈다. 극도로 위축된 사회 분위기하에서도 무엇을 전해야 하는지 끊임없이 고민해왔지만 기자로서의 기량과 용기가 부족하다는 사실을 사무치게 느낀 적도 많았다.

2015년 춘절(春節) 무렵부터 일본에서는 중국인 관광객의 '싹쓸이 쇼핑'이 화제가 되었다. 필자 주변에서는 그 1년 전부터 일본을 여행해 "좋은 물건을 싸게 구입했다"라며 기뻐하는 중국인이 두드러지기 시작했는데, 엔저 현상으로 이런 흐름이 단번에 확대되었다. 그 이후 환율이 변동하고 중국 측이 관세를 인상함에 따라 이러한 붐은 한풀 꺾인 감이 있지만, 연간 약 500만 명의 중국인들(2015년 일본 관광국 발표)이 일본을 방문하는 상황은 중일 양국의 오랜 역사에서 처음 있는 일이다. 많은 중국인들은 쇼핑을 즐길 뿐만 아니라 일본인의 서비스와 예의 바름, 문화와 자연을 보호하는 자세에 강한 인상을 받기도 했다. 서로의 국가에 정치 외의 '얼굴'이 있음을 알게 되는 것은 서로 다른 체제하에 살고 있는 양국 사람들에게 대단히 큰 의미를 지닌다.

중일 양국은 상대를 있는 그대로 이해할 수 있을 때라야 결국 가까워질 것이다. 군민 이분론처럼 상대 국민을 백과 흑으로 나누기 어렵다는 사실은 갈수록 명확해지고 있다. 하지만 새로운 관계의 틀을 구축하는 데에는 시간이 걸린다. 새로운 중일 양국 관계의 정립이 정치적 힘으로만 이루어지는 것은 아니지만, 불안정한 과도기를 통과하기 위한 정치적 지혜와 노력이 지금처럼 쌍방에 요구되었던 시대도 없을 것이다.

2

중국식 발전 모델의 빛과 그림자

개혁개방의
부작용

초원 속 검은 구멍의 실체

2011년 6월 필자는 비행기로 내몽골자치구의 구도(區都) 후허하오터시(呼和浩特市)에서 약 500km 북동쪽에 위치한 시린하오터시(錫林浩特市)를 향했다. 비행기 창문 아래로는 끝없는 평원이 펼쳐져 있었다. 비행기가 고도를 낮추기 시작했을 때, 필자는 시야에 들어온 거대한 광경에 눈을 빼앗겼다. 거대한 운석이라도 추락했던 것은 아닌가 싶을 정도로 큰 구멍이 뻐끔히 대지에 나 있었던 것이다. 하지만 곧 그 구멍이 노천에서 굴착한 탄광이라는 사실을 깨달았는데, 구멍 속이 주변의 지면과 달리 매우 시커맸기 때문이다. 주변을 살펴보자 초원의 반대편에도 몇 개의 칠흑 같은 구멍이 뚫려져 있는 것을 확인할 수 있었다.

필자가 시린하오터로 향했던 이유는, 당시에는 몽골족들의 시위가 내몽골자치구 각지로 확대되고 있었는데 그곳이 그 시위의 진원지였기 때문이다. 3주 전쯤 시린하오터의 동쪽으로 펼쳐진 초원에서는

시린하오터의 초원에 쌓여 있는 탄광의 잔토(2011년 6월)

유목민이 유목지를 관통하며 질주하는 탄광의 트럭을 저지하려다가 치어죽는 처참한 사건이 일어났다. 진위는 명확하지 않지만 트럭 앞에 섰던 유목민에게 운전사가 "너희들을 죽여도 40만 위안만 지불하면 해결된다. 회사에는 얼마 안 되는 돈이다"라고 소리쳤다는 소문이 퍼졌다. 이에 분노한 시린하오터의 고등학생들이 "몽골족의 존엄을 지키자"라고 외치면서 시정부 앞 광장에 모인 것을 계기로 항의의 파도는 후허하오터를 비롯한 자치구 내의 거리들로 비화되었다.

내몽골자치구에서는 티베트나 위구르처럼 첨예한 민족 대립이 장기간 표면화되지 않았던 만큼 이 사건은 중국공산당 정권을 당황하게 만들었다. 후허하오터에서도 거리 곳곳에 무장 경찰이 배치되어 몽골족 주민들의 움직임에 주목하며 신경을 곤두세웠다.

지방 도시답지 않게 시설이 우수한 시린하오터의 공항에 도착해 택시에 탑승한 필자는 탄광이 있다는 교외의 초원을 향했다. 좌석에 앉아 차 뒤쪽을 돌아보자 두 명의 남자가 탑승한 승용차가 뒤를 쫓아오고 있었다. 비행기 탑승자 명단에 외국인 기자가 있다는 사실을 알고 미리 대기하고 있던 해당 지역의 치안 당국자임이 틀림없었는데, 바로 나와 접촉하지 않은 것을 보면 필자의 움직임을 감시하라는 명령만 받았던 듯하다.

초원을 1시간 정도 달렸을까? 앞쪽으로 보이는 거대한 흙더미를 보고 필자는 할 말을 잃었다. 수킬로미터에 걸쳐 사방으로 높이 쌓아 올린 흙더미는 실로 요새와 같은 위압감으로 초원에 우뚝 솟아 있어 그 위로 돌며 움직이는 기중기가 소형 자동차처럼 보였다. 바람이 불자 검은 모래 먼지가 자욱하게 흩날렸고, 바로 앞에서 풀을 뜯고 있는 말의 모습이 흐릿하게 보였다.

삶의 터전을 잃어버린 내몽골 사람들

2년 전까지 이 탄광에서 나온 석탄을 운반했다는 한족 출신의 운전사에 따르면, 가장 가까운 화물역까지는 약 100km이며, 한 번 운전할 때마다 보수를 계산하기 때문에 운전사들은 조금이라도 빨리 트럭을 몰고자 했다. 초원에 만들어진 도로는 미포장이라서 바퀴자국이 깊게 패어 있고 달리기 어려웠다. 그런데도 초원을 달리는 트럭은 계속 증가했는데, 이로 인해 해당 사건이 일어나기 전부터 유목민과의 사이에서는 언쟁이 계속되었다고 한다.

풍요로운 지하자원을 지닌 내몽골자치구는 중국의 경제성장을 밑받침하는 에너지 수요에 힘입어 2002년부터 8년 연속 국내 최고의 경제성장률을 기록했다. 후허하오터의 한 연구자에 따르면 시린하오터 지구에는 베이징과 랴오닝성의 대기업 형태의 자원업자가 잇달아 진출해 탄광과 유전 개발을 추진했는데, 그 수는 시린하오터시 근교만 해도 3개이고, 주변의 초원 지대까지 포함하면 수십 개에 달했다고 한다. 탄광과 유전 부근에서 유목하고 있던 유목민들은 시린하오터와 그 근교에 정부가 마련해준 주택으로 이주하도록 권고받았다. 보상금으로 고급차를 구입한 유목민이 출현해 한족 주민의 반감을 사고 있다는 소문이 있는 반면, 유목민의 대다수는 표준어(보통화)를 제대로 구사하지 못하기 때문에 일자리도 찾지 못하고 보상금으로 근근이 연명한다는 소문도 있었다.

필자는 시린하오터의 교외에 정부가 기존 유목민을 위해 만든 생태촌(生態村)이 있다는 이야기를 듣고 그곳을 방문했다. 바둑판처럼 구획된 해당 촌에는 가축을 가두고 키우기 위한 작은 정원이 딸린 단층집이 나란히 모여 있었으며, 생유(生乳)를 가공하는 공장도 있었다. 아직 태양이 높이 떠올라 있는 시각이었지만 해당 촌은 쥐죽은 듯 조용했으며 주민의 모습은커녕 가축이 우는 소리마저 없었다. 자동차에서 내려 필자를 미행해온 당국자를 따돌리면서 유령도시 같은 마을을 종종걸음으로 헤매다 마침내 한 노인을 발견하고 그늘진 곳에서 그의 이야기를 들어보았다.

초원을 떠나 이 마을에 정착해 거주하는 주민들은 처음에는 정부가 염가로 제공해준 호주산 젖소를 키우며 짜낸 우유를 공장에 파는 형태로 생계를 유지했는데, 현금 수입은 초원에 있을 때의 약 5배였다.

하지만 2008년 분유에 유해 물질이 들어간 일이 사회 문제로 대두되자 국산 유제품은 거의 팔리지 않게 되었고, 이에 주민들은 젖소를 팔아 버리고 이주 노동자가 될 수밖에 없었다고 했다.

그날 밤, 시린하오터시 시내의 작은 몽골 요리점에 들어가 주인의 말을 들어보았는데, 그 또한 2년 전 초원에서 쫓겨난 사람들 중의 한 명이었다. 고등학생들의 시위도 목격했다는 그는 유목민과 한족이 서로 으르렁거리며 싸우는 상황을 걱정하면서 "우리는 보상금을 받은 대신 삶을 잃어버렸다"라고 개탄했다.

시린하오터의 현실을 보면서 필자는 눈부신 경제 발전이 자연과 사람의 마음에 가져온 뒤틀림의 축소판이라는 생각이 들었다. 하지만 당시만 하더라도 초원의 유목민뿐만 아니라 대도시에 거주하고 있는 사람들 중에서도 급속한 경제성장의 대가를 지불해야 한다는 사실을 인식한 사람이 많지 않았다.

베이징을 뒤덮은 미세먼지

내몽골을 취재하고 6개월이 지난 2011년 2월, 광저우(廣州)에서 베이징으로의 전임이 결정되어 베이징에 있던 가족과 만나기 위해 상경했다. 아침에 호텔의 커튼을 걷은 필자의 아내는 "이 하얀 건 뭔가요?"라며 목소리를 높였다. 낮에 택시로 이동하는 동안에도 하얀 연무가 거리를 뒤덮어 100m 앞조차 제대로 보이지 않았다. "안개일 거요"라고 필자가 적당히 맞장구를 쳤지만 아내는 납득하지 못하는 듯했다. 지금 생각해보면 아내의 관찰력이 더욱 예리했다.

베이징의 대명사처럼 되어버린 초미세먼지 PM 2.5는 당시에는 전문가 외에는 그 명칭조차 제대로 아는 사람이 없었다. 사람들이 초미세먼지에 주목하게 된 것은 2012년 1월 베이징시가 관측 데이터를 공표했기 때문이다. 하지만 베이징시가 발표한 수치는 2008년부터 독자적으로 계측해 공표했던 미국 대사관의 수치를 크게 하회했기 때문에, 전문가들은 베이징시가 내놓은 데이터의 신뢰성에 의문을 제기했고 이는 순식간에 매우 큰 사회 문제가 되었다.

초미세먼지는 대기에 부유하고 있는 $2.5\mu m$($1\mu m$는 1mm의 1000분의 1) 이하의 입자를 지칭한다. 대단히 미세하기 때문에 보통의 마스크로는 막을 수 없으며, 흡입할 경우 기관지 등 호흡기의 깊은 곳까지 들어갈 우려가 있는 것으로 여겨지고 있다. 원인은 공장과 자동차 등에서 배출된 배기가스, 공사 현장과 황토에서 흩날리는 분진 등이 복잡하게 결합되어 발생하는 것으로 알려져 있다. 특히 큰 영향을 미치는 것은 화력발전소와 공장, 또는 농촌 지역에서 염가의 에너지로 중시되어온 석탄연료이다. 직접적인 원인을 석탄연료에서 찾는 것은 다소 비약일 수도 있지만 베이징의 오염된 공기와 시린하오터의 초원에 굴착된 탄광의 꺼림칙한 광경은 급속한 경제성장이 만들어낸 단면으로서 깊이 결부되어 있는 것처럼 생각되었다.

APEC 블루

초미세먼지를 둘러싼 문제는 곧바로 국제적인 뉴스가 되었으며 중국, 특히 베이징의 이미지는 크게 실추되었다. 관광객 격감 등 경제

초미세먼지로 뒤덮인 북경의 아침(2015년 12월)

적 손실이 컸으며, 정부로서는 베이징에 거주하는 사람들의 불안과 분노도 무시할 수 없었다. 건강과 생명에 대한 도시 주민의 인식이 높기 때문에 잘못 대응하면 정부 비판이 소나기처럼 확산된다는 것이 과거 수년간 일어난 사건들을 통해 증명되었기 때문이다.

정부는 당황해하면서 대책을 제시하기 시작했다. 일당 지배라고는 해도, 중국공산당 정권이 마음먹고 대책을 세울 때는 무자비할 정도로 철저하다. 베이징 주변에서 배기가스 처리 장치가 없는 수천 개의 기업을 폐업시키거나 운영을 중단시켰으며, 대기오염이 심각한 날에는 승용차 번호에 따라 운행을 규제해 베이징 차량 가운데 절반이

주행하지 못하도록 했다.

특히 2014년 11월 베이징에서 개최되기로 예정된 APEC 정상회의가 가까워지자 정부는 초미세먼지 대책을 마련하는 데 총력을 기울였다. 베이징에 인접한 허베이성 탕산시(唐山市)의 화학 공장과 시멘트 공장 등을 취재한 결과 1개월 전 정부 환경보호청의 관료가 탕산의 공장을 시찰하고 돌아갔는데 "이것은 정치 임무이다"라며 생산 중단과 감산을 명령했다고 한다. 연기가 잘 보이지 않는 밤중에 비밀리에 생산하는 일이 없도록 시의 직원이 각 공장에서 숙박하며 감시했다는 증언도 있었다.

그러한 필사적인 대응은 결실을 맺어 APEC 회의 당시 베이징의 하늘은 매우 맑았다. 국가의 체면을 위해서는 시민 생활과 경제 활동까지 망설임 없이 희생시키는 정권에 대한 야유를 담아 사람들은 그 짧은 순간의 푸른 하늘을 'APEC 블루'라고 불렀다.

정치 문제로 대두한 초미세먼지

초미세먼지가 현저한 경제성장에 따른 부작용임은 확실하다. 하지만 한 중국인 과학자는 이 문제가 정치적인 사건이기도 하다고 필자에게 알려주었다. 그는 과거에는 실명으로 이 문제를 지적했지만, 초미세먼지가 국내외로부터 관심을 받아 당국의 압박이 강화되자 이름을 숨겼다.

환경보호청 산하의 연구소에서 근무하는 그 인물을 최초로 취재한 것은 2014년 2월의 일이었다. 그는 중국 정부가 1990년대 말부터

EU와 일본을 참고해 자동차와 연료의 품질 규제를 단계적으로 강화했기 때문에 규제 기준에서는 선진국과 비교해도 손색이 없는 수준이라고 설명해주었다. 그는 "최대의 문제는 정부의 지시를 석유회사들이 들으려 하지 않았던 것"이라고 단언했다.

자동차 회사가 엔진 등의 환경 대책을 강화하더라도 연료의 질이 향상되지 않으면 기대한 효과를 거둘 수 없다. 그렇지만 석유 업계는 대책에 빠질 수 없는 탈유(脱硫)⁺ 시설에 대한 투자를 꺼렸고, 정부가 정한 품질이 달성되지 않는 상태가 수십 년 동안 계속되어왔다고 그는 말했다. 그러한 실태는 중국에 진출한 일본과 유럽의 자동차 회사 간부들로부터도 확인한 바 있었다.

정부가 절대적인 힘을 확실히 갖고 있는 중국에서 어떻게 이러한 일이 가능할까? 이러한 상황을 이해하기 위해서는 중국공산당 정권과 석유 업계의 특수한 관계를 이해할 필요가 있다.

국유기업의 오만과 태만

개혁개방이 본격화된 1980년대 중국공산당 정권은 석유 생산을 효율화하기 위해 전국에 분산되어 있던 기업과 시설을 통폐합하는 개혁을 단행했다. 이를 기초로 탄생한 것이 현재 3대 국유 대기업이라 불리는 중국석유천연가스그룹(中國石油天然气集團, CNPC), 중국석유화공그룹(中

⁺   석유, 천연가스, 금속 제련 등의 생산 공정에서 황 성분을 제거하는 것을 뜻한다. _옮긴이

國石油化工, Sinopec), 중국해양석유총공사(中國海洋石油總公司, CNOOC)이다. 중국석유화공그룹의 전신인 중국석화총공사(中國石化總公司)의 초대 사장이던 천진화(陳錦華)는 자신의 자서전에서 회사를 설립할 당시 중국 공산당 지도자로부터 "눈 속에서 석탄을 보내라(雪中送炭)"라는 명령을 받았다고 증언하기도 했다. 이는 중국의 국가 재정과 경제 운영이 벽에 부딪혔던 당시 점진적 개혁을 추진해온 정권이 이 3개 회사에 대해 국가 차원에서 매우 큰 기대를 걸고 있었음을 보여준다.

국유 석유기업이 기업이라고 하지만 실은 정권과 일체되는 존재였다는 사실은 그곳에서 경력을 쌓은 간부가 역대 중국공산당 지도부의 일각을 차지해왔다는 데서 단적으로 드러난다. 장쩌민 지도부에서는 핵심 인물이던 쩡칭훙 전임 국가부주석이, 후진타오 지도부에서는 저우융캉 전임 당 중앙정법위원회 서기가 그 대표적인 예이다. 그들은 당 최고지도부와 두터운 인연을 맺고 있었기 때문에 국유 석유기업은 중앙정부를 자신들과 동격화하거나 오히려 자신들보다 낮다고 간주했다.

앞서 언급한 중국인 과학자는 필자에게 이처럼 일그러진 관계를 보여주는 한 일화를 들려주었다. 그는 정부와 업계, 전문가로 구성된 석유 제품에 대한 환경규격책정위원회의 일원이기도 했는데, 2012년 가솔린 등에 대한 새로운 규격을 통지하기 위해 환경보호청 담당자와 함께 CNPC의 자회사를 방문한 적이 있었다. 하지만 담당 과장은 "정부가 결정하더라도 의미는 없다. 중요한 것은 당이 무엇을 말하고 있는가이다"라며 자신들의 이야기를 귀 기울여 들으려 하지도 않았다고 한다.

국가 소유의 기업이라고는 해도 한 기업의 중견 간부가 중국공산당 지도부와의 파이프를 믿고 으스대며 정부의 감독관청마저 얕잡아 본 데서 알 수 있듯, 석유 업계의 간부들이 서민의 건강과 환경에 대한 책임을 진지하게 생각했다고는 보기 어렵다. 필자는 2014년 3월 전국 정협의 회의에 위원으로 출석한 CNPC 일인자 저우지핑(周吉平) 이사장을 붙잡고 "초미세먼지가 발생한 이유 가운데 하나는 당신들의 태만 때문 아닙니까?"라고 질문을 퍼부었는데, 저우지핑은 분노에 찬 눈초리로 한번 쳐다보았을 뿐, 아무 말 없이 사라졌다.

　개혁개방 노선에서 관료가 담당 지역의 경제성장률에 신경을 쓰며 기업의 수익을 향상시키는 데 혈안이 된 데 따른 반대급부는 대기오염뿐만이 아니다. 중국에서는 당시 도시 재개발을 이유로 많은 서민이 강제 퇴거에 내몰리고 있었고, 식품의 안전 문제가 점차 표면화되고 있었으며, 공장 폐수로 인해 암의 발생률이 유독 높은 암촌(癌村)이 생기고 있었다.

　'중국의 꿈'을 말하는 시진핑 지도부는 2016년부터 경제 5개년 계획에서 식품의 안전과 환경 문제에 대한 대응을 강화하고 있으며, 감독관청과 기업의 책임을 엄중하게 묻는다는 자세를 보이고 있다. 초미세먼지의 문제는 변함없이 심각하지만 중국공산당 정권은 자신들의 위신을 걸고 베이징에 푸른 하늘을 되돌려주고자 할 것이다. 하지만 초미세먼지가 남긴 교훈은 단순히 환경에 대한 중국정부의 의식과 대책이 결여되었다는 것이 아니라, 서민의 비명과 경고가 제대로 전달되지 않는 상태에서 정치를 우선시하고 국가 전체가 하나의 목표를 향해 돌진하는 것은 위험하다는 사실 아니었을까?

세계를 석권한 중국의 싹쓸이 쇼핑

2015년 일본을 석권한 싹쓸이 쇼핑 붐은 중국 중산층 확대와 그들의 막대한 구매력에 대해 일본인들에게 강렬한 인상을 남겨주었다. 그로부터 5년 전 필자는 일본에서 활동하고 있는 중국 출신자들에 대한 연재 취재에 나선 적이 있다. 가전제품 유통업체 라옥스를 매수해 중국인 관광객을 타깃으로 한 서비스로 전환하고자 하던 사장, 경매로 넘어간 호텔을 구입해 중국 관광객을 받아들이기 시작한 사업가 등을 취재했는데, 조국의 성장에 대한 그들의 자부심과 기회를 잡고자 하는 활력에 압도되었다. 하지만 중국 관광객이 대거 일본을 방문하는 것이 일반적인 사회 현상이 되는 시대가 곧 도래할 것임을 당시로서는 전혀 알지 못했다.

중국인 관광객은 일본만 석권한 것이 아니다. 필자는 2005년부터 홍콩에 주재했는데, 당시 막 오픈한 홍콩 디즈니랜드와 보석 가게는 중국 본토에서 온 관광객으로 넘쳐났으며, 2016년 여름부터 머문 미국에서도 뉴욕의 타임스퀘어와 워싱턴의 스미소니언박물관이 중국인 관광객으로 넘쳐났고 중국어가 여기저기서 들려왔다. 이러한 광경은 중국이 30년 넘는 개혁개방을 통해 축적해온 부와 힘이 해외로 향하는 시대가 되었음을 보여주었다. 오늘날 세계는 놀라움과 곤혹감에 휩싸인 채 이러한 상황을 받아들이고 있다. 하지만 이러한 변화에 가장 동요하고 있는 것은 실은 중국인 자신들일지도 모른다.

높아지는 부자들의 불안감

개혁개방의 선두를 달리는 광둥성의 광저우에 주재하던 2011년, 흔히 귀족학교라 불리는 부유층을 위한 사립학교 학생들을 취재할 기회가 있었다. 유럽의 고급 브랜드 가방을 손에 들고 있던 여학생에게 해외여행 경험을 묻자, 그 여학생은 "여러 국가를 여행했기 때문에 그다지 생각나지 않네요. 일본에는 세 번 정도 간 것 같아요"라고 시원스럽게 대답했다. 자신들이 받는 혜택을 자연스럽게 받아들이고 외국인 기자의 질문에도 긴장하지 않고 담담하게 이야기하는 그들을 보면서 새로운 중국인 상을 보았다는 생각이 들었다.

다른 여학생이 한 말도 인상적이었다. 부친이 수천 명의 직원을 둔 공장을 경영하고 있다는 그 학생은 "가족과 함께 식사할 때 부모님이 공장 경영에 대해 나누는 이야기를 듣는 것이 겁나요"라고 불쑥 말했다. 그 무렵 광둥성에서는 임금 인상을 요구하며 이주 노동자의 파업이 빈발하기 시작하는 등 염가의 노동력에 의지해왔던 발전 모델의 한계가 노정되었다. 그 여학생의 부친도 순조롭지만은 않은 사업 이야기를 가족 앞에서 털어놓은 적이 있었을 것이다. 그 이야기를 듣는 것이 겁난다는 그녀의 고백은 아이들도 지금의 풍요로움을 언제 상실할지 알 수 없다는 불안감을 느끼고 있음을 반증하는 것이었다.

중국에서 일하면서 필자는 중국인들로부터 "안심할 수 없다沒有安全感"라는 말을 자주 들었다. "무엇을 믿으면 좋을지 알 수 없다", "앞으로 어떻게 될지 알 수 없다"라는 말을 여러 사람으로부터 들었다. 어느 실업가는 주말에도 쉬지 않고 분주하게 일하는 이유에 대해 "지금의 중국에서는 멈춰서는 순간 도태된다"라고 밝혔다. 식품의 안전 문제가 심각해지자 교외에 농원을 빌려 채소를 심기 시작한 한 여성은 "내가 심은 것 외에는 신뢰할 수 없다"라고 말하기도 했다. 강제 퇴거로 집을 잃고 지방에서 상경해 베이징의 재판소 앞에서 시위하며 진정했던 사람은 "지역의 정부도 재판소도 나의 말을 들어주지 않는다. 정의를 지켜주는 장소가 없다"라고 호소했다.

지금과 같은 안정적인 생활이 어느 날 갑자기 무너질지도 모른다는 불안감을 부채질하는 것은 경제 추락에 대한 두려움뿐만이 아니다. 직업적 도덕심과 사회적 안전망이 확립되어 있지 않은 문제에 더해, 정치적 방향이 하루아침에 바뀔지도 모른다는 잠재적인 두려움도 작용하고 있다. 문화대혁명의 혼란이나 그 이후의 개혁개방으로 사회의 존재 양식과 가치관이 일변한 경험을 갖고 있는 세대는 그러한 경향을 특히 강하게 띠고 있다.

그러한 사람들이 지향했던 방법 가운데 하나가 해외로 이주하는 것이다. 각국의 통계에 따르면, 2000년부터 2014년까지 미국으로 이주한 중국인은 100만 명을 넘으며, 캐나다는 2011년 기준 이주자가 54만 명, 호주는 2015년 기준 48만 명에 달했다.

그 무렵 중국 각지의 대도시에서는 부유층에 해외의 부동산을 중개하고 비자를 취득하는 노하우를 가르쳐주는 세미나가 자주 열렸다. 자녀가 다른 국가의 국적을 취득하기 쉽도록 중국의 임산부가 홍콩과 사이판에 몰려드는 현상도 나타났다. 2011년 선전(深圳)에서 열린 호주 부동산 소개 세미나를 취재했을 때, 참가자들은 중국 경제의 앞날에 대한 불안감과 더불어 교육과 환경에 대한 불만을 토로하면서 역시 "안심할 수 없다"라고 말했다.

해외로 탈출하는 그룹 중에는 부패한 관료와 그 가족도 있어 시진핑 지도부는 이민과 자산의 유출을 삼엄하게 감시하고 있다. 이 때문에 해외 이주는 한계점에 도달한 듯 보이지만, 부유층은 다양한 규제를 교묘하게 빠져나가면서 자산을 해외로 빼돌리고 있다. 발전의 성과를 가장 많이 누려온 사람들이 조국의 장래를 불안해하며 해외에서 안전감을 추구하는 현상은 개혁개방의 추진으로 인해 나타난 역설적인 상황이라 할 수 있다.

지방 출신자의 고뇌

하지만 해외로 이주할 수 있을 정도의 경제력과 연줄을 갖고 있는 사람은 소수에 불과하다. 대부분의 사람은 중국에 머물면서 격렬하게 변화하는 사회에서 자신과 가족의 생활을 지키기 위해 날마다 분투하고 있다.

필자는 베이징에서 생활하는 동안 20대와 30대 초반의 젊은 친구들로부터 수차례나 "일본은 이민을 받아들이나요?", "일본어를 하지 못하더라도 박사 학위를 취득할 수 있는 대학교가 있나요?" 같은 질문을 받고 진지하게 상담해주었다. 그들의 대다수는 지방 출신으로 장래가 불확실하다고 한탄했다.

그들의 가장 큰 고민은 내 집 마련이다. 중국 젊은이들의 월급은 1만 위안 정도면 많은 편에 속하는데, 중국 언론에 따르면 2016년 4월 기준 도심지에서 통근 1시간 권역으로 간주되는 제4환상도로(第四環狀道路) 주변 아파트의 평균가는 1m²당 5만 위안 정도였다. 따라서 70m²의 아파트를 구입하려면 350만 위안이 필요한데, 월급을 전부 저축한

다 해도 아파트를 구입하는 데 약 30년이 걸린다는 계산이다. 기업의
부침이 심하기 때문에 장기 대출도 받기 힘들어서 부모의 원조가 없으
면 현실적으로 내 집 마련의 꿈을 이룰 수 없다. 집이 없으니 결혼도
마음대로 할 수 없어 결국 베이징에서의 일을 그만두고 고향집과 가까
운 지방 도시로 돌아가는 것을 진지하게 생각하는 사람들이 생기기 시
작했다.

불공평에 대한 불만 확대

이들을 우울하게 만드는 것은 장래를 전망할 수 없다는 것뿐만이
아니다. 더욱 심각한 것은 그들이 보기에 세상이 공평하지 않다는 것
이었다. 푸젠성 푸칭시(福淸市) 출신의 한 잡지 기자는 "대학 시절에 베
이징과 상하이 출신의 동급생과 다른 지역 동급생을 보면 살고 있는
세계가 많이 달랐다"라고 털어놓았다. 대도시의 젊은이는 취직을 할
때에도 부모와 지인의 연줄로부터 도움을 받는 일이 있으며, 부모에게
서 집을 물려받는 경우도 많다. 필자도 베이징으로 상경한 젊은이들이
서로 결혼한 사례는 많이 봤지만, 베이징 여성이 아무것도 없는 지방
출신의 남성에게 시집갔다는 경우는 들어본 적이 없다.

1990년대 말 중국 정부는 도시의 주택제도를 개혁했다. 사회주의
하에서는 주택제도가 정부 기관과 국유기업 등이 주택을 소유한 상태
에서 직원에게 대여하는 형태였는데, 이 제도를 불하(拂下)하는 형태로
직원에게 매도하는 것으로 수정했던 것이다. 정확하게 말하자면 매도
한 것은 부동산 소유권이 아니라 사용권이었다. 당시 베이징에 있던

필자는 처음으로 자택을 구입한다는 사실에 흥분하는 사람들을 자주 보았다. 제도적으로 인정되는지 여부는 확정되지 않았지만, 부부가 각각의 직장에서 저렴한 가격으로 집을 한 채씩 구입해 취득한 사람도 있었다.

그 이후의 경제성장으로 주택 가격은 쭉쭉 상승했으며, 중국 언론에 따르면 2003년부터 10년 동안 베이징의 평균 주택 가격은 7배나 올랐다. 싸게 산 자택을 팔고 그 돈을 밑천으로 삼아 교외 지역에 위치한 집을 여러 채 구입함으로써 베이징올림픽을 앞두고 이루어진 재개발에 따른 퇴거 보상으로 재산을 증가시킨 사람이 적지 않았다. 고학 끝에 베이징의 대학에 들어온 지방 출신자들이 이런 식으로 부를 증식한 부모에게서 집과 자동차를 제공받은 동급생의 모습에 어떤 감정을 품었을지는 충분히 짐작된다.

베이징의 명문 대학인 인민대학교(人民大學校)의 장밍(張鳴) 교수는 강사로 대학에 남은 지방 출신의 제자가 "세상이 꿈틀거리며 바뀌면 좋겠습니다"라고 투덜대는 것을 듣고 가슴이 찔리는 듯했다고 말했다. 장밍이 대학에 입학한 1980년대에는 대학생이 국가를 밑받침하는 인재로 중시되었고 정부로부터 매월 10여 위안의 생활보조금도 받았다. 당시로서는 큰 액수였는데 지방 출신자는 이 돈을 절약해 고향집의 부모에게 송금하곤 했다. 장밍은 "좋은 대학에 들어가는 것은 자신과 가족의 인생을 개척하는 것과 같았다. 우리는 고향집에 돈을 보내면서 학생 시절부터 이를 실감할 수 있었다"라고 했다. 당시는 국가가 취직을 결정하는 시대여서 일을 선택할 자유는 없었지만, 대학 졸업생은 각 분야의 중요한 위치에 배치되었고 생활을 영위하는 데 고민할 필요가 없었다.

그러나 대학생의 수가 증가해 조건이 좋은 직장을 놓고 서로 경쟁하는 상황이 계속되자 더 이상 학력만으로는 인생 설계를 할 수 없는 시대가 되었다. 사회에 대한 증오심에 가까운 생각을 누설했던 그 대학 강사도 바라던 곳에 취직을 하지 못했고, 셋집에서 생활하며 처자식을 부양하는 상태였다. 장밍은 "조국과 함께 자신도 풍요로워진다는 기대가 없어지고 엘리트라고 일컬어지던 사람들도 미래에 대한 희망을 발견하기 어려운 시대가 되었다"라고 말한다.

'공동 부유'라는 목표는 실현될 수 있을까

2012년 12월, 한 달 전에 중국공산당 총서기로 막 취임한 시진핑이 최초의 시찰 장소로 선택한 것은 광둥성의 선전이었다. 홍콩과 접해 있는 선전은 1980년 전국에서 최초로 경제특구가 된 곳으로, 많은 외국 기업을 유치하며 중국의 개혁개방 정책을 이끌었다. 선전은 1992년 덩샤오핑이 남순강화(南巡講話)를 발표한 무대 가운데 한 곳이기도 하다. 그로부터 3년 전 일어난 톈안먼 사건으로 인해 중국의 개혁개방은 크게 좌절된 상태였는데 당시 덩샤오핑이 발동한 수많은 호령 덕분에 개혁개방은 다시 숨을 쉬게 되었다.

시내의 공원에 서 있는 덩샤오핑의 동상으로 발걸음을 옮긴 시진핑은 공손하게 화환을 헌상하고 그 앞에 지그시 머리를 숙였다. 시진핑의 옆에는 1992년 덩샤오핑을 안내했다는 해당 지역의 노간부가 서 있었다. 국영 언론은 그 노간부가 "개혁개방이 중국의 국정에 부합되는 전략이었다는 것은 이제까지의 역사가 증명하고 있습니다"라고 말했고, 시진핑은 "개혁개방을 확고히 지킨다는 방침은 결코 동요되어서는 안 됩니다"라고 대답하는 모습을 전했다. 시진핑은 개혁개방을 상징하는 선전을 방문함으로써 새로운 지도부가 덩샤오핑의 노선을 계승한다는 메시지를 전국에 명확하게 알렸던 것이다.

개혁개방은 가난했던 사람들의 생활을 일변시켰으며 중국을 세계 제2위의 경제 대국으로 끌어올렸다. 13억 명의 대국이 고립의 길을 걷지 않고 세계와 정보 및 체험을 공유하는 중간층을 육성해온 것은 큰 의의를 지닌다. 하지만 그 과정에서 환경과 사람들의 가치관은 크게 변했고 부작용도 대거 발생했다. 두 자릿수 성장 시대가 막을 내리는 가운데 발전이 가져온 격차와 불평등의 모순을 풀어나가면서 안정적인 성장을 계속할 수 있을지 여부는 중국공산당 정권이 통치의 정통성을 계속 유지할지 여부와 직결된 매우 큰 과제이다.

덩샤오핑은 개혁개방을 추진하는 과정에서 "부자부터 먼저 풍요로워지게 하자"라며 지역과 개인 간의 격차가 발생하는 것도 마다하지 않았다. '선부론(先富論)'이라고 불리는 이 사고방식은 덩샤오핑의 대담함을 상징하는 용어로 회자되고 있는데, 덩샤오핑이 이와 동시에 풍요로워진 지역이 가난한 지역을 끌어올림으로써 경제 격차를 줄이는 '공동 부유'의 실현이 개혁의 최종 목표라고 강조했다는 사실은 별로 알려져 있지 않다.

2015년 11월 싱가포르 국립대학교에서 강연한 시진핑은 중국이 싱가포르의 경험을 개혁의 이정표로 삼아왔던 역사에 대해 언급하면서 "덩샤오핑은 '우선 일부 사람을 풍요롭게 만들고, 그 이후 풍요로워진 자가 다른 사람들을 끌어올려 공동 부유를 지향한다'라고 표방했는데, 우리는 그 제1단계를 실현했다"라고 말했다. '공동 부유'의 목표는 역대 지도부도 내세웠는데, 시진핑의 발언은 중국이 '선부론'의 단계를 뒤로하고 진정한 '공동 부유'를 실현하기 위해 나서야 하는 국면을 맞이했다는 인식을 보여준 것이라고 할 수 있다. 앞에 보이는 것은 미국의 '등'뿐인 시대에 등장한 시진핑 지도부는 개혁개방을 새로운 단계로 끌어올리는 것을 자신의 사명으로 삼고 있으며, 정권과 중국의 운명을 여기에 걸고 있다.

농촌 탈빈곤
프로젝트

시진핑이 겪은 하방

2015년 춘절을 목전에 둔 2월 13일 오전 11시쯤 시진핑과 부인 펑리위안(彭麗媛)이 탑승한 열차가 산시성 옌안시(延安市)에서 자동차로 1시간 정도 거리에 있는 산간의 촌으로 들어갔다. 그 자리에는 시진핑의 양팔로 불리는 왕후닝(王滬寧) 당 중앙정책연구실 주임과 리잔수(栗戰書) 당 중앙판공청 주임을 비롯해 중앙정부와 산시성 및 옌안시의 간부가 함께했다. 베이징의 외교 소식통에 따르면 시진핑은 전년까지 미국 하버드대학교에서 유학했던 외동딸 시밍쩌(習明澤)도 동행시켰다. 춘절 전후에 행해지는 총서기의 지방 시찰은 당 지도부가 새로운 해에 주력하려는 과제를 상징하는 중요한 일정인데, 당시 진용은 시진핑이 이 시찰에 특히 중요한 의미를 두고 있다는 것을 엿보게 했다.

해당 지방인 산시성의 당 위원회 기관지에 따르면, 마을의 모든 사람으로부터 환영을 받은 시진핑은 "1969년 1월, 나는 인생의 첫걸음을 내딛었던 이 량자허촌(梁家河村)에 왔다. 이곳에서 생산대대의 서기가 되었을 때 앞으로 서민을 위한 일을 하자고 마음먹었다"라며 감개무량해했다. 시진핑은 시찰 도중 "나는 (이 마을에서 보냈던) 그때, 이곳이 나의 고향이라고 마음을 정했다. 그 이후 어디를 가더라도 나 스스로는 이 황색 대지의 아들이라고 생각해왔다"라고 말하며 자신의 정치가로서의 뿌리가 옌안의 농촌에 있음을 강하게 호소했다.

문화대혁명 시대에 마오쩌둥은 "농촌에서 배우라"라며 도시의 청년을 농촌에 보내는 '상산하향(上山下鄕)'(하방) 운동을 대대적으로 추진했다. 부친 시중쉰이 정치 투쟁에 휘말려들어 실각하자 시진핑도 15세에 베이징에서 이 량자허촌으로 왔던 것이다.

시진핑의 원점이 된 량자허촌

2010년 10월, 국가부주석이던 시진핑이 당 중앙군사위원회 부주석에 취임하고 차기 최고지도자가 될 것이 확실해진 직후 필자는 중국의 새로운 리더의 됨됨이를 탐색하기 위해 이 마을을 방문했다. 차기 총서기의 연고지였기 때문일까, 마을로 통하는 도로는 다른 농촌과 달리 제대로 포장되어 있었고, 마을 사람들은 골짜기 아래 작은 땅에 심은 옥수수와 야채에 의존해 조용히 생활하고 있는 것처럼 보였다.

황토 고원이 펼쳐져 있는 지역에는 건조한 지대의 산기슭 등을 파서 조성한 '요동(窯洞)'이라고 불리는 횡혈식(橫穴式) 주거지가 있었다. 문화대혁명 시기에 도시에서 하방한 시진핑 등을 받아들인 뤼넝중(呂能中, 취재 당시 80세)은 그들이 숙박하던 요동으로 안내해주었는데, 그는 당시처럼 시진핑을 '진핑(近平)'이라고 친밀하게 부르면서 시진핑에 대

시진핑에 대한 일화를 설명하는 뤼넝중(2010년 10월)

한 일을 회상했다.

글자를 읽을 줄 몰랐던 그는 책을 전혀 알지 못했는데 시진핑이 시간만 나면 램프 아래에서 책을 읽어주었던 것, 타고난 체격에 비해 겁쟁이여서 장작을 구하러 갔다가 돌아올 때면 다른 사람들처럼 달려들 듯 산을 내려오는 것이 아니라 아슬아슬하게 미끄러질 듯 내려왔던 것 등의 일화를 들려주었다.

실각한 부친의 영향 때문이었는지 시진핑은 좀처럼 중국공산당 입당을 승인받지 못하다가 20세에 결국 당원이 되었고, 농작업에 임하는 착실하고 모범적인 태도가 마을을 관할하는 현정부 간부에게 인정을 받아 마을의 1인자인 생산대대의 서기로 선발되었다고 한다. 마을 사람과 함께 우물을 파고, 마을 사람 간의 분쟁을 중재하고, 마을을 풍요롭게 만들어줄 메탄가스 제조 방법을 습득하기 위해 쓰촨성까지 시찰하러 가는 등 젊은 지도자로서 그에 대한 마을 사람의 신뢰는 두터

하방 시대의 시진핑
자료: 뤼닝중 제공

윘다고 한다.

문화대혁명의 종식이 가까워지던 1975년 시진핑은 6년간 보냈던 량자허마을을 떠나 베이징으로 돌아왔다. 칭화대학교(淸華大學校)에서 공부한 이후 시진핑은 당 중앙군사위원회 판공청에 비서로 배속되었다. 그리고 1982년에 허베이성 정딩현에서 지방간부로서의 길을 걷기 시작했고, 그 이후 푸젠성, 저장성(浙江省), 상하이에서 경력을 축적해 국가 지도자가 되었다. 이 사이에도 시진핑은 량자허촌에서 보냈던 하방 시기의 체험을 자주 언급하며 자신의 원점이 그곳이었다고 몇 차례나 말한 바 있다.

시진핑은 총서기에 취임한 지 얼마 되지 않은 2012년 말, 베이징에서 약 300km 떨어진 허베이성의 농촌을 시찰했다. 농가에 들어가서 농민에게 "연간 수입은 얼마인가?", "온기를 유지할 석탄은 충분한가?"라고 물은 뒤, "우리는 곤궁한 민중에게 특별히 관심을 가져야 하며,

그들의 고뇌를 해결하기 위해 돕지 않으면 안 된다"라고 강조했다. 그리고 해당 지역의 간부와 가진 회의에서는 빈곤 대책 예산을 부정하게 유용한 사건에 대해 "범죄이며, 분노를 느낀다. 반드시 일소시키겠다"라고 강한 어조로 경계했다.

국영 신화사통신(新華社通信)은 이 시찰이 "소강사회의 전면적인 실현이라는 국가의 대계에 대한 구상을 논의하고 의견을 듣기 위해 시진핑 서기 본인이 요구한 것"이라고 전했다. 물론 이 같은 일련의 행보에는 정치적으로 호소하려는 의도도 있었겠지만, 시진핑이 지도부를 발족할 당초부터 농촌의 최저 수준 향상을 자신이 해결해야 할 커다란 과제로 규정했음은 틀림없다.

농민 1000만 명 이주 계획

2015년 11월, 해외 방문지인 싱가포르에서 중국이 마침내 '공동부유'를 실현하는 단계에 진입했다는 생각을 내비친 시진핑은 그달 말, 당중앙과 정부, 전국의 성과 직할시의 간부를 한곳에 모아놓고 중앙부빈개발공작회의를 열었다. 그 회의에서 그는 "전당, 전국, 전 사회의 힘을 동원해 탈빈곤의 싸움에서 승리하자"라고 호령했다.

전국적으로 7000만 명에 달하는 것으로 간주되는 빈곤 인구의 대다수는 농민이다. 2021년까지 달성해야 할 최초의 '100년의 꿈'은 모든 사람이 갈수록 여유 있는 생활을 누리는 소강사회를 전면적으로 실현하는 것인데, 농민들을 빈곤으로부터 구해내는 것이 그 전제임은 두말할 필요도 없다.

탈빈곤의 목표는 2016년부터 2020년까지의 중기 경제계획인 '제13차 5개년 계획'의 큰 기둥이기도 하다. 이에 기초해 중국공산당과 정부가 제기한 대책은 범위가 넓다. 특히 가난한 지역을 밝혀내고 중점적으로 최저 수준 향상을 도모하는 '정준부빈(精準扶貧)'(맞춤형 빈곤 지원), '정준탈빈(精準脫貧)'(맞춤형 빈곤 탈피)의 슬로건을 내세우고 도로·수도·전기 등의 인프라 정비, 산업의 진흥, 이를 뒷받침하기 위한 인재 육성 등에 나섰다. 이러한 대책마저 효과를 내지 못하는 벽지의 주민에게는 조건이 좋은 토지로 집단 이주시키는 1000만 명 규모의 이주 계획을 제시하고 이를 위해 9500억 위안을 투입하는 계획까지 제기했다.

국무원 부빈개발영도소조판공실(扶貧開發領導小組辦公室)의 류융푸(劉永富) 주임은 2015년 12월 가진 회견에서 중국 정부가 1990년대부터 역사적인 대규모 사업으로 전개했던 싼샤(三峽)댐 건설을 증거로 삼으면서 "1000만 명은 한 국가의 인구에 필적하는 수이다. 싼샤댐만 보더라도 싼샤댐 건설로 이주한 사람은 120만 명에 불과하며, 게다가 수십 년의 시간이 걸렸다. 1000만 명의 농민을 5년 안에 이주시킨다는 계획이 얼마나 큰 일인지는 정부도 잘 알고 있을 것이다"라면서 사업의 막대한 규모와 어려움을 강조했다.

시진핑은 푸젠성의 부서기였던 시기에 내륙 지역의 닝샤(寧夏) 회족자치구의 최저 수준 향상 지원을 담당했던 적이 있다. 시진핑은 1000만 명 이주 계획을 제기한 이후 과거에 자신이 닝샤의 구도(區都) 인촨(銀川) 근교에 마을을 조성해 가난한 지역의 주민을 이주시켰던 경험을 밝히며 당시의 경험이 대담한 구상의 토대가 되었다고 넌지시 말하기도 했다.

대규모 농지 개혁

일련의 개혁으로 이주하는 농민은 1000만 명에 그치지 않을 가능성도 있다. 2016년 4월, 시진핑은 안후이성(安徽省) 펑양현(鳳陽縣)의 샤오강촌(小崗村)을 방문해 '농촌개혁좌담회'를 열었다. 샤오강촌은 문화대혁명이 끝난 지 얼마 되지 않은 1978년 인민공사가 토지와 생산을 모두 관리하는 집단제를 비밀리에 버리고 생산청부제(生産請負制)를 전국에서 선구적으로 도입했던 마을로 알려져 있다. 생산청부제란 일정한 토지를 청부받은 농가가 상납하도록 할당되어 있는 분량의 수확을 국가에 납부하고 나면 그 나머지는 시장에서 팔아도 되게끔 허락한 제도이다. 아직 사유재산이 금기시되던 시대에 국가에 대한 반역으로 비난받을 각오로 실시한 제도였는데, 마을 사람들이 '간부에게 잡혀 사형에 처해질 경우 그 아들은 마을 사람 모두가 키운다'라는 서약서를 쓰고 행동에 나선 것은 매우 유명한 일화이다.

시진핑은 좌담회에서 "농촌 개혁의 발상지에서 열린 이 회의는 특별한 의미를 갖고 있다"라고 말을 꺼냈으며, 농민이 지닌 농지의 경영권을 제3자에게 이전할 수 있도록 하는 개혁에 주력하는 자세를 강조했다. 농민들의 이주가 장기간 지속되자 방치된 상태의 논과 밭이 계속해서 늘어났고 이로 인해 2000년 전후부터 이러한 개혁이 추진되어왔다. 생산청부제가 농민에게 자신의 재능과 노력에 따라 농지를 활용할 자유를 부여한 제도였다면, 그 토지의 운영을 타인에게 위임할 자유를 농민에게 준다는 것이 시진핑이 얘기한 개혁의 핵심이었다. 농지를 집약해 기술과 자본력을 지닌 농가와 조합, 기업이 이를 경영함으로써 생산성을 제고시키고 농업의 현대화 및 식료 자급률 확보를 도모하려는 노림수도 있었다.

하지만 이 개혁을 위해서는 부가가치가 높은 작물을 생산할 수 있는 토지와 기후 조건이 충족되어야 하고, 시장에 대한 접근이 용이해야 하며, 새로운 농업 경영에 대한 지식과 의욕을 지닌 인재를 육성해야 하는 등 과제가 많았다. 따라서 정부의 보조금과 소득 보전 없이 자립할 수 있는 농업을 확립하기란 쉽지 않았다. 그럼에도 2016년 6월의 정부 통계에 따르면, 국유 농지와 임지 등을 제외하고 농민의 청부 농지 가운데 경영권이 제3자에게 이전된 농지는 이미 3분의 1에 달했다.

중국에서는 2011년에 처음으로 도시 지역의 인구가 농촌 지역의 인구를 상회했다. 시진핑 지도부는 농민의 시민화를 추진하는 한편, 농촌에서 도시로의 인구 유입과 정착을 촉진하는 방침을 제시하고 있다. 이를 위해서는 장기간 농민을 토지에 묶어두었던 호적 제도 및 농촌과 도시의 서로 다른 의료 보험, 학교 교육 시스템을 대폭 재검토해야 한다. 일련의 개혁이 지도부가 구상하는 대로 추진될지 여부는 알수 없지만, 실제로 농민이 도시로 점차 유입된다면 산업 구조를 포함해 중국의 국가 형태가 변모할 것이다.

정권의 사활을 건 농촌 개혁 사업

"당신 같은 외국인이 중국을 이해하는 데 있어 가장 큰 문제는 수억 명 농민의 존재가 누락되어 있다는 것이다." 산둥성(山東省)의 가난한 농촌에서 자라나 독학으로 법률을 배운 맹인 인권활동가 천광청(陳光誠)에게 필자는 이러한 말을 들었던 적이 있다.

실로 뼈아픈 지적이었다. 중국의 농촌을 취재할 기회는 수차례나 있었지만 방언의 장벽이나 외국인에 대해 익숙하지 않은 그들의 경계심으로 인해, 또는 문제가 발생하지 않도록 신경을 곤두세우며 개입하는 해당 지역 당국으로 인해 그들의 실제 생활을 접한다는 느낌은 크게 받지 못했기 때문이다. 도시에 거주하는 중국인에게 들어보아도 농민이 어떤 생각을 하고 있으며 어떤 생활을 하고 있는지 정확히 이해하고 있는 사람은 많지 않았다. 도시화가 진전되고 있다고는 해도 인구의 절반을 차지하는 농민들의 속내와 실제 생활을 알지 못한다는 것은 중국 및 정권을 이해하는 데 커다란 족쇄라고 필자는 생각하고 있다.

중국의 역대 통일왕조는 대부분 이민족의 습격이나 농민 및 농민에게 가담한 토착 실력자의 반란에 의해 쇠퇴하고 멸망해왔다. 2016년 10월, 베이징 인민대회당에서는 중국공산당이 국민당의 공격을 피해 도시에서 도망가 약 1만 2000km를 답파했던 대장정 80주년을 기념하는 대회가 열렸다. 이 자리에서 시진핑은 "물은 배를 띄우기도 하지만 배를 전복시키기도 한다. 인민이 바로 하늘이자 대지이다. 인민을 망각하고 인민으로부터 떠난다면 우리는 곧 샘이 없는 물, 뿌리가 없는 나무가 된다"라고 강조했다. 중국공산당은 장정을 통해 농민과 농촌을 혁명의 기반으로 삼는 노선을 굳히고 바로 그 지지를 받아 정권을 취했으므로 농민들을 적으로 돌리지 않는 것이 중요하다는 사실을 강하게 의식하고 있음을 엿볼 수 있는 발언이다.

시진핑은 또한 전술한 산시성 옌안시 외에 허베이성 시바이포(西柏坡), 푸젠성 구톈(古田), 구이저우성(貴州省) 쭌이(遵義) 등 '혁명 노구(革命老區)'라고 불리는 지역을 즐겨 찾았으며 그곳에 거주하는 사람들의 생활수준을 향상시키도록 거듭해서 명령했다. 혁명 노구란 중국공산

허난성의 농촌 풍경(2001년 7월)

당이 정권을 취하기 이전 옛 일본군과 국민당과 싸웠던 시대에 근거지로 삼았던 혁명의 성지인데, 이들 지역은 산간 지역이라서 오늘날에도 가난한 곳이 많다.

과거에 중국공산당을 밑받침했던 농민이 경제 발전의 혜택을 받지 못하는 상태로 불평등 사회의 나락으로 빠지고 있는 현재의 상황은 '중국공산당은 도대체 누구를 위한 당인가?'라는 질문과 직결된다. 중국공산당은 덩샤오핑의 '선부론'하에서는 국가의 경제 건설을 서둘렀고, 장쩌민 지도부하에서는 '3개 대표(三個代表)'라는 이유를 제기하며 민간 기업가의 입당을 승인했다. 서민들은 중국공산당이 기업가를 수용하는 것을 시대의 요청으로서 받아들였지만, 당의 간부들이 그들과 유착해 부와 쾌락에 탐닉하는 자세에 대해서는 분노가 커져왔다. 당에 대한 잃어버린 신뢰를 되찾는다는 의미에서 '반부패'와 '탈빈곤'은 겉과 속이 다른 관계에 있다고 할 수도 있다.

시진핑은 2015년 9월 방미 당시 시애틀에서 가진 연설에서 량자허촌에서의 체험을 재차 언급했다. "나는 농민이 되어 농촌 사람들과 요동(窯洞, 동굴집)에서 침상을 함께했다. 농촌은 가난했고 고기는 몇 달에 한 번 겨우 먹을 수 있었다. 나는 농촌 사람들이 무엇을 가장 필요로 하고 있는지를 알았다. 이 사람들에게 배불리 고기를 먹이고 싶다. 그것이 나의 바람이다." 또한 "올해 봄, 그 마을을 다시 방문해 '중국의 꿈'은 '인민의 꿈', 즉 좋은 생활을 하고 싶다는 인민의 바람을 실현시켜야 비로소 성공했다고 말할 수 있다고 재차 생각했다"라고 덧붙였다. 이 말은 '중국의 꿈'의 성취 여부를 결정하는 것은 농민이라는 시진핑의 강한 인식을 표현한 것이었다.

중국공산당 기관지 ≪인민일보≫는 2017년 2월, 시진핑이 지방에서 일하던 시절 얼마나 빈곤 대책에 신경을 썼는지를 전하는 장문의 기사를 게재하고 "탈빈곤은 전당(全黨)과 전국의 '핵심 중의 핵심'인 일이다"라는 시진핑의 말을 전했다. 시진핑은 그중에서 "이 일이 성취되지 않으면 인민과 역사에 대해 변명할 수 없어질 것이다. 나는 이를 대단히 우려하고 있다"라고도 말했다. 중국공산당은 농민의 생활수준을 향상시킴으로써 중국을 이끌고 있는 이유를 다시 한 번 제시할 수 있을까? 탈빈곤은 정권의 존속을 건 도전이기도 하다.

국가의 번영 뒤
인민의 우울감

스웨덴 NGO 활동가 구속 사건

2016년 1월 3일 저녁, 스웨덴인 피터 달린(Peter Dahlin)은 베이징의 공항으로 향하는 승용차에서 모국의 주중 대사관원에게 휴대전화로 메시지를 보냈다. '압박감을 느끼고 있다. 지금부터 베이징을 탈출할 계획이다.' 그 대사관원은 그의 긴박함과 초조함이 느껴지는 문구였다고 회상했다. 당시 달린은 홍콩을 경유해 태국으로 갈 계획이었는데 공항에 도착하기 전 베이징시 국가안전국의 추격을 받고 구속되었다.

달린은 2009년에 베이징에서 NGO '중국행동(China Action)'을 설립했다. 그의 설명에 따르면 중국행동은 인권 활동을 전개하고 있는 중국의 활동가 및 변호사 등에게 법률적 조언을 제공하는 것을 주요 목적으로 삼았다. 규모는 작아서 베이징의 NGO 가운데 두드러진 존재는 아니었는데, 2015년 말 무렵부터 중국행동에서 일하는 중국인 직원들이 빈번하게 당국자의 호출을 받았다. 그들에게 던진 질문에는 달린이 일하는 모습과 교우 관계 등이 포함되어 있었다. 당국의 관심이 자신을 향하고 있다고 확신한 그는 베이징에서 탈출하기로 결심했다. 하지만 당국의 감시를 받는 인물에 대해서는 전화가 감청되고 메일이 검열되며 공항과 호텔에서도 당국으로 연락하는 중국의 체제하에서 이는 무모한 시도였다.

그로부터 10일이 지난 후 중국 정부는 달린을 구속하면서 그가 국가의 안전에 위해를 미치는 활동에 자금을 원조했다고 밝혔다. 그런 가운데 1일 19일 밤 중국 국영 언론은 그와 중국행동을 둘러싼 혐의에 대한 특집 기사와 특별 프로그램을 일제히 보도하기 시작했다. 보도는 중국행동이 필요한 등기를 하지 않고 7개의 해외 조직으로부터 약 1000만 위안의 자금을 수취했으며 이 돈을 인권 변호사에게 급여로 지불했다는 점을 지적했다. 구속된 중국인 직원이 "달린은 서방의 반중국 세력이 중국에 침투시킨 스파이이다. 당과 정부에 불만이 있는 사람들을 선동하고 중국의 사회 제도를 바꾸려 했다"라고 증언하는 장면도 방송되었다.

NGO에 대한 엄중한 처벌

베이징의 외교관과 해외 언론 관계자를 경악케 한 것은 달린 본인도 TV 카메라 앞에서 "중국의 법을 위반하고 중국 정부와 인민에게 상처를 입혔다"라고 사죄했다는 것이다. 시진핑 지도부가 발족한 이후부터 반정부적인 언동을 했다는 이유로 구속된 중국인 활동가 등이 기소 전 단계에서 국영 언론의 카메라 앞에서 반성하는 일이 두드러졌

여성에 대한 폭력 반대를 호소하기 위해 코스프레를 하고 거리로 나선 NGO 회원들
자료: 관계자 제공

다. 하지만 인권 의식이 높은 구미 국가들이 반발할 것을 뻔히 알면서
도 외국인을 카메라 앞에 세우는 것은 이제까지의 지도부에서는 없던
도발적인 행위였다.

　　같은 무렵 중국 당국의 압력을 받던 해외 NGO는 중국행동뿐만이
아니었다. 간염을 앓고 있는 사람에 대한 차별과 성 차별 등의 분야에
서 폭넓게 활동해온 NGO '베이징 이런핑(北京益仁平)'의 한 직원은 치한
방지를 호소하는 스티커를 만들어 배포했다는 이유로 구속되기도 했
다. 7년 전에 만들어진 팸플릿에 문제가 있다며 가택 수색을 받았으며
사무소가 폐쇄되는 상황에 내몰렸다. 베이징을 거점으로 인권 활동에
관여했던 다른 NGO에서는 여성 직원이 당국자에게 호출되었는데, 그
자리에서 남편의 근무지와 아이들의 학교를 거론하며 "가족의 생활과
장래를 고려하라"라고 협박받았다. 환경 문제에서 활동하는 다른

NGO에도 해당 지역 경찰관이 빈번하게 드나들며 활동가들을 감시했으며, 티베트에서 빈곤과 교육 문제에 관여한 해외 NGO도 차례로 철수할 위기에 내몰렸다.

결국 다린은 1월 26일 국외 추방이라는 형태로 석방되었다. 재판으로까지 넘겨지지 않은 것은 스웨덴 정부에 대한 배려도 있었던 것으로 여겨지는데, 석방을 위한 교섭에 임했던 외교관은 "중국 당국으로서는 해외 NGO는 의심스럽다는 이미지를 세간에 충분히 심었다고 생각할 것이다"라고 말했다.

해외 NGO 관리법

달린 사건이 일어났을 당시 중국에서는 '해외 NGO 관리법'이라는 새로운 법률이 심의되고 있었다. 대상은 해외에서 인재와 자금을 지원받는 NGO로, 그 수는 7000개 이상에 달할 것으로 예상되었다. 애매했던 법적 입장을 정하고 사회에서의 역할과 운영 규칙을 명확히 한다는 목적을 내세웠으나 실제로는 당국의 단속을 강화하겠다는 의도임이 자명했다. 관리 책임을 정부의 민생 부문과 상공 부문에서 공안 당국으로 이전시키고, 활동 내용과 자금 흐름 등을 엄격하게 확인하는 틀을 정돈하는 외에, 반사회적·반정부적 움직임에 대해서는 벌칙 조항도 신설했다. 달린이 구속되고 나서 3개월 후 이 법률을 약간 수정해 '해외 NGO 국내 활동 관리법'을 공표했다.

중국에는 기업과 시민이 NGO에 자금을 원조한다는 문화가 형성되어 있지 않다. 따라서 대부분의 NGO는 해외의 정부 및 기금회(재단), 기업 등에 재원을 의지할 수밖에 없는 실정이었다. 예를 들면 '베이징 이런펑'의 간부에 따르면, 당국의 압력이 강화되기 전인 2013년 무렵 연간 예산은 약 100만 위안이었는데 그중 약 90%는 해외에서 조달한 자금이었다. 규모가 큰 다른 환경 NGO도 사정은 비슷했는데, 해외의 정부와 기금회 등의 프로젝트는 기간이 짧은 것이 많아 자금을 융통하기가 어려웠다. 게다가 금융 당국이 외화의 출금 및 입금을 엄격히 규제하고 있기 때문에 한 번에 많은 액수를 받는 것이 불가능했다. 한 NGO 간부는 "홍콩에서 거래하는 상대측의 담당자와 만나 현금으로 받은 뒤 이를 조금씩 나누어 소지하고 돌아온 적도 있다"라고 밝혔다. 자금줄이 끊어질 경우 활동할 수 없게 되는 NGO는 적지 않다.

나아가 새로 제정된 법에 들어가 있는 '반정부적인 활동'의 정의가 애매하기 때문에 정부와 직접 관계없는 NGO도 위축될 수밖에 없다는 비판은 구미뿐 아니라 중국 국내의 NGO 관계자와 전문가로부터도 이어졌다. 무엇보다도 중국 당국은 해외 NGO는 위험하다는 여론 공작을 펼치기 위해 다린의 공개 반성을 기획했고 이는 당국이 법안을 통과시키기 위해서였다는 것이 외교관의 추측이었다.

개혁개방을 통해 중국이 지향했던 바는 문화대혁명 등의 혼란으로 지체되었던 경제를 재건하고 국력을 제고시킴과 동시에 이를 통해 국제사회에서의 지위를 회복하는 것이었다. 1989년 톈안먼 사건이라는 좌절을 겪었지만, 덩샤오핑 이래 역대 지도부는 그때마다 국내 사정과 절충했고 세계의 눈을 다분히 의식하면서 그 목표에 접근해왔다. 하지만 중국 당국이 해외 NGO에 대해 보인 엄격한 태도는 구미의 비판을 감수하더라도 내정에 대한 간섭은 허락할 수 없다는 시진핑 지도부의 강경한 자세를 강하게 보여준 것이었다.

색깔혁명이 중국에 남긴 교훈

중국공산당 정권은 왜 해외 NGO에 신경을 곤두세우게 된 것일까? 미중의 NGO 관계자와 연구자는 2003년 조지아에서 발발한 장미혁명이나 그 이듬해 우크라이나의 오렌지혁명 등 옛 소련 지역에서 친미 정권을 만들어낸 색깔혁명이 그 계기였다는 데에 견해를 같이했다.

미국 의회를 방패 삼아 민주주의와 인권의 보급을 내세우며 각국의 그룹과 활동가를 지원해온 미국 국립민주주의기금(NED)의 루이자 그리브(Louisa Greve) 부회장은 "색깔혁명이 전환점이었던 것은 명백하다. 색깔혁명은 독재적인 정부의 경계를 부르는 시금석이었다. 러시아와 중국의 정보기관은 대대적으로 조사를 벌인 끝에 국제적인 NGO의 움직임이 국경을 초월해 정권을 동요시킬 수밖에 없다고 판단하고 대책을 수립하게 되었다"라고 말한다.

중국공산당은 미하일 고르바초프 서기장이 추진했던 개혁정책 '페레스트로이카'부터 베를린장벽의 붕괴, 옛 소련이 해체하기까지의 과정을 면밀하게 연구했던 것으로 알려져 있다. 소련 붕괴의 본질을 파악하는 것은 체제를 유지하는 데 사활이 걸린 문제였다. 그 과정에서 구미가 경제와 문화 등 비군사적인 힘으로 중국의 체제 전복을 꾀하고 있다는 평화적 전복의 사고방식이 힘을 얻었다.

따라서 유럽을 습격한 새로운 민주화의 물결이라고도 할 수 있는 색깔혁명을 중국공산당이 철저하게 연구한 것은 당연한 일이었다. 중국공산당은 각국 대사관과 국영 언론, 국내 전문가들의 분석을 바탕으로 특히 미국을 방패로 삼고 있는 NGO가 이러한 국가들에 뿌리를 뻗고 민주화를 향한 시민의식을 제고시켜 정권 전복에 커다란 힘을 발휘했다는 교훈을 얻었다. 1장에서 언급한 바 있는, 냉전 시대를 방불케 하는 노골적인 반미 이데올로기를 반영한 군 내부의 사상교육용 영상 〈교량무성〉에서는 미국의 지원을 받는 국내의 NGO도 엄중하게 비판했다.

　　중국은 톈안먼 사건과 옛 소련 붕괴 이후인 1992년 덩샤오핑이 행한 남순 강화를 통해 경제 발전을 우선시하는 노선으로 돌아감으로써 개혁개방 정책을 중단하지 않았다. 덩샤오핑의 뒤를 계승한 장쩌민과 후진타오도 경제를 중심으로 국제사회와의 연계를 강화하고 시장을 개방한다는 현실 노선을 유지했다. 그럼에도, 아니 바로 그렇기 때문일지도 모르겠지만, 이데올로기 측면에서는 보수적인 사고방식이 중국공산당 안팎에 뿌리 깊게 남아 있다. 이로 인해 정치와 사회 분야에서의 개혁에 대해서는 거부하는 움직임이 나타나고 있다. '해외 NGO 활동 관리법'의 제정은 이데올로기 측면에서 보수로 회귀하려는 경향이 시진핑 지도부하에서 강해지고 있음을 보여주는 것이라 하겠다.

신공민운동에 대한 당국의 경계

　　2014년 1월, 역대 지도자들이 잠들어 있는 바바오산(八寶山) 혁명 공동묘지에서 가까운 베이징 교외의 지하철역에서 필자는 한 여성을 기다리고 있었다. 그 여성은 좌우를 돌아보며 주위를 확인한 후 계단을 내려왔다. 가늘고 긴 눈을 보니 그날 베이징시 제일중급인민법원(第一中級人民法院, 지방재판소)에서 징역 4년의 실형 판결을 받은 남동생

재판소 부근에서 쉬즈융에게 성원을 보내는 지지자들(2014년 1월)

쉬즈융(許志永)과 판박이였다.

헌법에서 인정하는 서민 권리를 실현하기 위한 신공민운동(新公民運動)의 지도자 쉬즈융은 전년 여름에 구속되었다. 그의 재판에는 국제적인 관심이 쏠렸고, 이날 재판소에는 아침 일찍부터 많은 해외 언론이 몰려들었다. 당국은 재판소 주위 수백 미터까지 경계선을 설정하고 언론과 시민들의 접근을 차단했으며 무수한 경찰 차량을 배치해 그 일대가 삼엄한 분위기로 휩싸였다. 동원된 경찰과 치안 당국자는 제복, 사복을 포함해 적어도 수백 명은 되었을 것이다. 재판을 방청한 관계자를 재판소 부근에서 접촉하기는 어렵겠다고 판단한 필자는 쉬즈융 누나의 연락처를 알아내 조금 떨어진 지하철역에서 만나기로 약속했던 것이다.

시내의 병원에 입원 중인 쉬즈융의 부인에게 재판 상황을 전하러 간다는 그녀를 마중하면서, 필자 일행은 지하철 내에서 이야기를 나누기로 했다. 신속하게 개찰구를 빠져나오자 그곳에서 대기하고 있던 젊은 두 명의 남자가 우리를 쫓아오고 있다는 것을 알게 되었다. 지하철 홈에 내리자 흰색 코트를 입고 책을 읽고 있던 학생 같은 여성도 기대고 있던 기둥에서 몸을 일으켜 우리를 쫓아왔다. 2인조의 남성은 지하철 입구에 서 있었는데, 그 여성이 우리와 비스듬한 곳에 앉았을 때 우리 쪽으로 시선을 보내왔다. 역에 도착해 우리가 지하철에서 내리자 그 세 명은 우리를 계속해서 따라왔다. 그 여성은 혼란한 인파 속에서 사라졌지만, 남성들은 일정한 거리를 유지한 상태로 줄곧 우리를 미행했다.

필자는 큰맘 먹고 뒤돌아서서 그들에게 우리가 가려는 병원으로 가는 길을 물었다. 두 사람은 겸연쩍은 표정으로 잘 모른다고 대답했고 결국 멀리 사라졌다. 그때까지 인권 활동가와 인민들의 항의 운동을 수차례 취재해왔지만, 당시 당국의 경계하는 수준은 그전과 차원이 달랐다.

신공민운동이란 관료의 부패와 전횡, 지방 출신자에 대한 차별적인 교육 제도 등에 불만을 가진 사람들이 언론의 자유와 집회의 자유 등 중국의 헌법이 인정하고 있는 권리를 발판으로 삼아 이를 개선하자고 호소한 운동이다. 이 운동의 시작은 2011년 가을, 베이징의 인권파 변호사와 정부 비공인 기독교 교인 등의 주도로 개최된 작은 식사 모임이었다. 당국의 경계를 받지 않도록 사전에 연락은 서로 취하지 않고 매월 정해진 식당에 정해진 시간에 모여 의논했다. 정부에 진정하기 위해 전국 각지에서 베이징으로 모여든 활동가들도 입에서 입으로 식사 모임에 초대되었고 신공민운동을 각지로 전파시켰다.

당시만 해도 인민이 자신의 권리를 호소하는 것은 정부에 대한 비판으로 간주되곤 했으며, 정부 당국에 의해 억지되는 것이 일상적이었다. 따라서 이 운동은 지혜를 모아 헌법에 기초해 좋은 세상을 만들자는 주장에 그쳤으며 중국공산당 정권'자체에 대한 비판은 신중하게 피했다. 수면 아래에서 네트워크를 확대해온 그들이 사회의 표면 위로 출현한 것은 2013년 초의 일이다. 베이징에서 신공민운동에 동참하던 사람이 길거리에서 공무원의 자산 공개를 요구하는 피켓을 들고 있는 사진이 인터넷상에 공개되자 이를 모방하는 움직임이 전국 각지로 확대되었다.

공무원의 자산 공개는 중국공산당 내부에서도 논의된 적이 있으며, 그 전년의 중국공산당 제18차 당대회에서 최고지도부에 입성한 위정성(俞正聲)도 상하이시의 서기 시절에 "(부패에 대한 감시는) 제도에 따르지 않으면 안 된다. 당중앙이 결정한다면 나는 당장이라도 공개한다"라고 밝힌 바 있었다. 중국공산당을 긴장시킨 것은 이러한 호소라기보다 인터넷 등을 통해 각지의 사람들이 일제히 목소리를 내기 시작했다는 점이었다.

당국은 곧바로 각지의 중심 멤버를 구속하고 이 운동을 억눌렀다. 구속된 사람 중에는 부동산 등으로 성공을 거둔 실업가 왕궁취안(王功權)도 있었다. 왕궁취안은 구속되기 2주일 전에 필자와의 인터뷰에서 이렇게 말했다. "자발적이며 산발적인 운동이 확산될 수 있었던 것은 서민의 권리를 이성적으로 요구해 나아간다는 의식이 거대한 파도와 같이 덮쳤기 때문이다."

점증하는 민주화 요구

중국공산당의 독재를 비판하는 '08헌장(零八憲章)'[+]을 기초했다는 이유로 2010년 국가정권전복선동죄에 처해져 감옥에 수감된 인권활동가 류샤오보(劉曉波)가 노벨평화상을 수상했다. 수상식의 무대에 놓인 빈 의자는 거기에 앉아 있어야 할 인물의 처지를 부각시켰다. 그의 수상은 무거운 압력에도 굴복하지 않고 정치 개혁을 지향하는 중국의 활동가들을 반영하는 한편, 축복받아야 할 사람이 징역 11년이라는 무거운 형벌을 언도받고 복역하고 있는 현실을 세상에 알림으로써 중국공산당에 정면으로 저항하는 것이 얼마나 가혹한지도 부각시켰다.

그러나 정치적인 발언과 행동을 아무리 엄격하게 제한하더라도 중국 사회를 더욱 공정하고 소통이 잘되도록 만들고 싶다는 사람들의 바람은 지속되고 있다. 사회의 안정을 바라는 시민도 증가하는 가운데 직접적인 민주화 요구와 중국공산당 비판의 새로운 물결로 나타난 것이 공민의식의 확산이었다. 인민(人民)이라는 용어가 중국공산당 정권을 밑받침하고 그 지배에 순종한다는 정치적 의미가 강하다면, 공민(公民)은 생활이나 생명과 관련된 권리의식에 눈을 뜬 사람들을 주로 지칭한다. 신공민운동이 지향한 것은 그러한 사람들이 연계되는 공민사회를 육성하고 확대하는 것이었다. 경제 발전의 왜곡 속에 경시되고 위험에 노출되어온 자신들의 생활과 목숨을 스스로 지키려는 사고방식이 확대된 배경에는 지켜야 할 생활과 재산, 그리고 폭넓은 지식과 정

+ 2008년 12월 9일 작가 류샤오보 등 303명이 인터넷에서 발표한 선언문으로, 공산당 일당체제 종식과 중국 민주화를 촉구하는 내용을 담고 있다. _옮긴이

보를 지닌 중간층이 육성되어온 것도 간과할 수 없는 요인으로 작용했다. 그러한 의미에서 공민과 그 운동이 개혁개방으로 인한 중국의 발전을 만들어냈다고 할 수 있다.

일찍이 2000년대 초 허난성(河南省)에서 가난한 농민의 매혈(賣血)로 인해 에이즈 문제가 확산되자 민간에서 에이즈 감염자들을 지원했으며, 2008년 베이징올림픽을 전후해서는 급속하게 추진되는 도시 개발로 인해 강제 퇴거를 요구받은 주민들의 항의가 빈발하기도 했다. 또한 그 무렵에는 화학공장의 건설을 반대하는 운동이 각지로 확산되는 등 환경의식도 고조되었다. 그러한 공민의식을 받쳐주고 그들의 움직임에 방향을 설정해주는 역할을 담당한 것이 NGO와 인권 변호사들이었다.

에이즈 바이러스 감염자에 대한 지원을 비롯한 중국의 인권 문제에 폭넓게 관여해 유럽의회의 사하로프상을 수상한 후자(胡佳)는 "미국은 이러한 사람들과 그룹이 중국 사회를 바꿀 것이며 정치개혁을 촉진하는 주역이 될 수 있다고 생각하게 되었다"라고 말했다. 미국 국립민주주의기금의 그리브 부회장도 "이러한 움직임이 중요한 것은 1980년대는 물론 1990년대에도 있을 수 없는 일이었기 때문이다. 전화 통화조차 제대로 되지 않던 시대에는 시민이 무언가를 조직하는 것이 불가능했지만 사회와 경제의 발전은 중국을 극적으로 변화시켰다. 시민은 자신들의 생활을 더욱 향상시키기 위해 헌법에 명시된 자신들의 권리를 의식하게 되었다. 그 권리를 실현하는 것은 민주적인 제도를 요구하는 목소리로도 연결되고 있다"라고 말한다.

그러한 사람들의 목소리는 결국 정부를 움직였는데, 그 계기는 2011년 7월 저장성 원저우(溫州)에서 발생한 고속철도 추돌·탈선 사고

인권 활동가 후자(2014년 7월)

이다. 중국의 고속철도 건설은 2008년 리먼 쇼크 이후 경기부양책으로 가속화되었고 철도부는 놀랄 만한 속도로 고속철도망을 확대하고 차량의 속도를 높였다. 고속철도 건설은 중국의 발전을 상징하는 국가적인 프로젝트이기도 했는데, 사고가 발생한 지 얼마 지나지 않아 차량 안의 생존자나 사망자를 정확하게 확인하지도 않은 채 사고 차량을 구덩이에 집어넣어 세계를 아연실색케 했다. 이 같은 대응은 정부 당국의 안전의식이 얼마나 결여되어 있는지를 확실히 보여주었다.

이에 분노한 시민들과 자신의 속내를 글로 잘 드러내지 않는 기자들까지 중국판 트위터로 확산되기 시작한 소셜 미디어 웨이보(微博)를 통해 비판적인 목소리를 내기 시작했다. 그제야 정부는 소셜 미디어에 대한 관리를 강화하고 정권의 견지에서 부적절한 글을 곧바로 삭제했으며 글을 쓴 사람들을 검거했다. 당시에는 이 새로운 소통 도구를 통제할 충분한 방도가 없었기에 서민의 분노에 찬 목소리는 순식간에 확산되었다. 이러한 움직임은 당 지도부를 당황케 만들었으며, 이후 철도부 부장의 비리 발각과 장기간 동안 현안이던 철도부의 해체 및 재편으로 연결되었다.[+] 이 철도 사고는 중국의 여론이 정권을 움직일 정도의 힘을 갖게 되었음을 확실히 보여주었고, 정권 측이 인터넷 관리를 포함한 여론 대책을 국가 치안과 체제 유지에 관계되는 문제로 파악하는 계기가 되었다.

당국의 언론 규제 강화

여론의 힘을 인식한 시진핑 지도부는 언론에 대한 단속도 강화했다. 광둥성을 거점으로 독자적인 취재 역량과 진보적인 논조를 지켜왔던 주간지 ≪남방주말(南方週末)≫ 등의 유력 신문과 잡지에 대해서는 초창기부터 일해온 간부를 교체하고 당 선전부의 인물을 파견했으며 편집 방침을 바꾸어버렸다. 소셜 미디어에 대한 관리에도 주력했는데, 실명제를 도입해 인터넷상에서의 글쓰기를 엄격히 규제하기도 했다. 당과 정부의 입장에서 볼 때 부적절한 정보로 판단되면 더 이상 정보가 확대되지 않도록 대형 포털 사이트와 서버 운영 회사도 책임을 지는 틀을 만들었으며, 업계 내의 자체 규제도 강화했다.

시진핑의 부친 시중쉰은 부총리가 되기 전 개혁개방의 최전선인

[+] 2013년 3월 14일 철도부가 폐지되고 중국철도총공사가 출범했으며, 기존의 철도부는 교통운수부 철도국으로 개편되었다. _옮긴이

광둥성에서 1인자로 활약하기도 했던 개혁파의 지도자로 알려졌다. 그 아들이 최고지도자로 취임하자 정치 및 사회 개혁을 바라는 사람들의 기대가 높아졌다. 시진핑이 취임한 지 얼마 지나지 않은 2012년 12월에 개최된 현행 헌법 시행 13주년 기념대회에서 법치의 실현을 지향한다고 강력하게 선언한 것도 개혁파의 지식인들에게 큰 기대를 갖게 만들었다.

그러나 중국공산당이 언론 정책에 대한 통제를 강화함에 따라 시진핑이 적어도 이데올로기 측면에서는 보수적인 이념을 지니고 있는 인물이라는 사실이 점차 명백해졌다. 2013년 봄, 시진핑 지도부는 당 중앙 판공청을 통해 '9호 문건'이라고 불리는 내부 통지를 내고, 민주와 인권 등의 보편적 가치와 보도의 자유, 사법의 독립, 중국공산당의 역사적 오류 등을 말해서는 안 된다고 지시했다. 나중에 '7불강(七不講)'이라고 불린 이 통지에서 금지한 항목에는 '공민사회'와 '공민의 권리'에 대한 언급도 포함되어 있었다.

한편 2014년 2월 중국공산당의 정치를 이론적인 면에서 뒷받침하는 중앙당교에서 회의가 개최되었는데, 시진핑은 이 회의에서 전국에서 모인 성과 직할시의 지도자들을 대상으로 연설을 했다. 그런데 그 내용이 개혁파 지식인과 각국의 대사관을 경악케 했다. 시진핑은 정부의 거버넌스에 대해 말했고 신화통신 등도 그 내용을 일부 전하기도 했지만 회의의 실제 주제는 그것이 아니었다. 베이징의 외교관이 여러 참석자에게 확인한 바로는, 시진핑은 거버넌스에 대한 연설이 끝난 후 약 3시간에 걸쳐 인권, 민주, 자유 같은 구미의 이념이 영화 등을 통해 중국에 침투하고 있는 데 대한 위기감을 말했다고 한다. 또한 중국에 주재하는 구미와 일본 등의 대사관 관계자, 언론, 그리고 NGO를

'계급의 적'이라고 부르며 그 동향을 경계하도록 지방의 지도자들에게 요청했다고 한다.

구미의 가치와 이념에 대한 반발을 노골적으로 드러낸 이러한 발언은 국제사회의 비판에도 불구하고 지속된 NGO와 인권 변호사에 대해 엄격히 단속할 것임을 알리는 신호탄이었다고도 할 수 있다.

진보적 잡지 《염황춘추》의 최후

2016년 7월, 중국의 개혁파 언론을 대표해온 월간지 《염황춘추(炎黃春秋)》의 사장에서 해임된 두다오정(杜導正)은 다음과 같은 성명을 발표했다. "향후 《염황춘추》라는 이름으로 간행되는 그 어떤 출판물도 우리 회사와는 일절 관계가 없다." 이는 당국이 파견한 편집 간부의 지도하에 잡지가 계속 발행되긴 하겠지만 더 이상 본래의 《염황춘추》가 아니라는 선언이었으며, 중국의 진보적인 사상의 요새로서 이제까지 쌓아올린 신뢰와 긍지에 상처받고 싶지 않다는 절규와도 같은 것이었다.

시진핑 지도부가 들어선 이후 《염황춘추》를 둘러싼 환경은 갈수록 열악해졌다. 기사의 사전 검열이 강화되었고, 감독 기관을 당의 영향력이 크게 미치는 단체로 바꾸었으며, 부사장 등을 지낸 양지성(楊繼繩)을 비롯해 장기간 잡지를 밑받침해왔던 편집 간부가 당국의 압력을 받아 회사를 떠났다. 남은 직원들이 발행을 계속하긴 했지만 감독 기관의 명령으로 두다오정 사장까지 해임되자 결국 힘이 소진되고 말았다.

1991년에 창간된 ≪염황춘추≫는 후야오방 전임 총서기의 아들 후더화(胡德華) 등의 지원을 받았으며, 중국공산당 체제하에서 정치개혁과 경제개혁을 촉구하는 온건한 개혁파 언론인이 의지하는 곳이었다. ≪염황춘추≫는 후야오방과 자오쯔양 전임 총서기 등 1980년대 개혁파 지도자들의 뜻을 이어받고자 하는 중국공산당 내부의 목소리를 대표했다고도 할 수 있다.

후진타오 지도부에서 시진핑 지도부로의 교체가 임박했던 2012년 봄, 필자는 ≪염황춘추≫의 우쓰(吳思) 편집장을 방문했다. 햇볕이 잘 들지 않는 건물의 1층에 있는 작은 사무실이었는데, 손으로 쓴 원고 뭉치와 자료가 산더미처럼 쌓여 있었고 그 사이를 사람들이 분주히 왕래하는 모습이 활기 있었다. 필자는 그에게 은퇴를 얼마 남겨두지 않고 있던 원자바오 총리에 대한 평가를 물어봤다. 자오쯔양의 측근이던 원자바오는 개혁파의 지식인으로부터 기대를 모으던 지도자였는데, 후진타오 지도부는 정치개혁 면에서는 뚜렷한 성과를 내지 못한 상태로 한 시대를 마치려는 중이었다.

"원자바오는 외유 시에 몇 차례 정치개혁에 대해 언급했을 뿐, 실제로는 이렇다 할 만한 일을 한 건 아무것도 없지 않습니까?"라고 묻는 필자에게 우쓰 편집장은 온화하게 웃으면서 그렇지 않다고 말했다. 그러면서 다음과 같이 덧붙였다. "중국공산당의 최고지도부에 그와 같은 인물이 있음으로 해서 생기는 공간이라는 것이 있습니다. 우리는 그 공간에서 살고 있는 것입니다."

그 이후 시진핑 지도부하에서 ≪염황춘추≫가 조금씩 내몰리는 상황을 눈으로 직접 보면서 필자는 그때 그가 했던 말의 의미를 깨달았다. 중국공산당의 내부에도 노선과 정책을 둘러싸고 의견과 입장이 다양하며 항상 줄다리기가 행해지고 있다. 후진타오 지도부에서 정치개혁을 제창하는 목소리가 주류가 되지는 못했지만, 원자바오 같은 지도자가 방파제가 되어 보수파의 압력을 약화시킴으로써 ≪염황춘추≫는 발행을 계속 할 수 있었다. 우쓰가 말하고자 한 바는 아마도 그러한 내용이었을 것이다. 거꾸로 말하자면, ≪염황춘추≫가 내몰리게 된 작금의 현상은 중국공산당의 상층부에서 개혁파의 목소리를 지키고자 하는 지도자가 사라졌다는 증거이기도 하다.

지도부의 자신감에 도사린 위험

시진핑 지도부 아래에서 왕성하게 사용되는 슬로건으로 '중국 특색의 사회주의가 걸어온 길에 대한 자신감, 이론에 대한 자신감, 제도에 대한 자신감, 문화에 대한 자신감'이라는 말이 있다. 2008년 리먼 쇼크로 구미의 경제가 냉각되었을 때 중국은 대규모의 독자적인 경기자극책을 펼치며 '성장의 중심'으로서의 기능을 지켰으며 세계경제를 회복하는 데 있어 엔진 역할을 담당했다. 이 성공의 체험이 중국에 준 자신감은 헤아릴 수 없다.

2011년 중동의 여러 나라에서 일어난 '아랍의 봄'과 그 이후의 정치적 혼란은 리먼 쇼크와 나란히 중국공산당의 그러한 자신감과 확신을 굳힌 사건이었다. 민주화를 요구하는 시민들이 소셜 미디어를 통해 연대함으로써 장기간 군림해온 독재자들을 쫓아냈는데, 많은 국가에서 새로 들어선 정권은 종파와 민족의 대립을 억누르거나 국가를 정돈할 힘을 갖고 있지 못했고 결국 IS 등의 이슬람 과격파 세력이 대두하게 되었다. 혼란해진 국가와 평온한 생활을 상실한 사람들의 모습은 중국 사람들에게도 중국공산당이 무너질 경우 중국의 운명이 어떻게 될 것인지 생각하도록 만들었던 것이다.

베이징에서 살고 있는 필자의 친구는 2015년 겨울, 이집트로 여행을 갔다. 그 친구 말로는 이집트도 혁명 이후 치안이 불안정해져 외국인 관광객이 격감했으며 피라미드로 유명한 기자 지역도 맥 빠질 정도로 사람이 적었다고 한다. 고용된 가이드는 베이징의 인민대학교에서 유학했다는 청년이었다. 중국어를 유창하게 구사하는 그는 혼란스러운 조국의 현실을 한참 동안 개탄한 이후 "당신들은 강한 파라오를 모시고 있는 것을 기뻐해야 한다"라고 말했다고 한다.

40대 후반의 그 친구는 1989년의 톈안먼 사건을 학생 신분으로 맞이했던 세대이다. 민주화가 실현될 것이라고 믿었던 당시의 기억을 가슴에 새기고 있었는데, 그 이후 정치개혁이 지체되어 진전되지 않고 오히려 언론에 대한 통제가 강화되고 있는 것을 우려해왔다. 그런데도 이집트의 청년으로부터 중국의 성장과 번영을 칭송받고 시진핑이라는 '강력한 파라오'에 대한 동경을 듣게 되자 매우 당혹스러워 복잡한 생각에 빠져들었다고 한다.

필자는 중국의 민주화를 요구하면서 투쟁하고 있는 사람들을 수차례나 취재했는데, 복잡한 상황에서도 그들이 일관되게 강한 신념을 갖고 있는 데 대해 감명을 받아왔다. 하지만 그들과 같은 생활 방식으로 살아가는 사람은 중국 전체 인구 중 매우 일부인 것도 사실이다. 민주화에 대한 기대감이 높았던 1980년대의 분위기를 알고 있는 사람들도 대부분은 현실과 타협하며 각자의 생활과 인생을 구축해왔다. 이집트를 여행했던 친구도 자신이 자라난 문화대혁명 시대의 가난을 생각하면 베이징에 자택을 마련하고 1년에 수차례나 해외여행을 즐기게 된 오늘날의 생활이 놀랍다며 스스로 감탄하곤 했다. 답답함과 불만은 있지만 톈안먼 사건 이후 중국이 걸어온 길을 부정하는 것 역시 불가능하다는 생각이 강해지고 있는 것이다.

중국공산당이 말하는 자신감이란 세상의 적지 않은 사람들이 품고 있는 성취감과 결부되어 있다. 개혁개방 이후 30여 년이 지나면서 약 13억 명의 사람들은 의식(衣食)이 풍족해지고 세계 제2의 경제대국이 되었다는 자부심을 갖게 되었고 이러한 자부심은 그 이전의 100년 동안 겪었던 굴욕 및 고난과 대비함으로써 더욱 강조되고 있다.

그러나 자신감이 높을수록 다른 의견에 귀를 기울이지 않고 독선에 빠지기 십상이라는 것은 동서고금을 막론하고 불변하는 이치이다. 대국으로서의 자신감을 굳히고 '중화민족의 위대한 부흥'이라는 장대한 꿈을 표방하는 시진핑 지도부에 대해 국내외의 사람들은 이러한 위험을 인지하고 있다.

3

13억 명을 이끄는 당

높아지는 자부심,
깊어지는 두려움

왕치산과 프랜시스 후쿠야마의 대화

2015년 4월 23일 오후, 각각 정치학과 경제학의 국제적인 권위자로 유명한 미국 스탠퍼드대학교의 프랜시스 후쿠야마(Francis Fukuyama) 교수와 아오키 마사히코 명예교수(2015년 7월 사망) 등을 태운 자동차가 중국공산당의 지도자들이 집무를 보는 베이징의 중난하이로 들어갔다. 일행을 맞이한 것은 당 중앙규율검사위원회의 왕치산 서기였다. 왕치산 서기는 당 정치국 상무위원 7명 중에서 서열 6위였는데 정권 운영의 관건인 반부패 캠페인의 지휘봉을 위임받은 데서 알 수 있듯 지도부 가운데서도 실력과 존재감이 두드러지는 인물이었다. 야오이린(姚依林) 전임 부총리의 사위인 그는 홍이대로 출신 배경도 우수해서 시진핑이 가장 신뢰하는 지도자 가운데 한 명이다.

필자는 직접 취재한 프랜시스 후쿠야마의 증언과, 회담에 동석한 중국의 금융 대기업 중신증권(中信證券)의 도쿠치 다쓰히토 국제이사장의 기록을 토대로 당시의 대화 내용을 정리했다.

회담은 레드카펫이 깔려 있는 1실에서 진행되었는데, 당 중앙규율검사위원회 및 회담을 준비한 국가외국전가국(國家外國專家局)의 관료들이 20명 이상 참석했다. 넥타이를 매지 않고 샌들처럼 생긴 헝겊신을 신은 채 격의 없는 차림새로 나타난 왕치산은 후쿠야마와 아오키에게 "오늘은 우리에게도 강의를 해주기 바란다"라고 요청했지만, 약 1시간 반 동안 진행된 회담은 왕치산이 자신의 역사관과 세계관을 피력하는 장이 되어버렸다.

왕치산은 먼저 "나의 전공은 당초 중국사였다. 1970년대에 동양과 서양의 비교연구를 공부하며 서양 문명을 학습한 적도 있다. 유럽의 역사도 좋아했으며 최근에는 인류의 역사에 대해서도 읽고 있다. 역사의 연구에는 끝이 없다"라고 말을 시작했다. 또한 세계의 정치 제도를 분석하고 민주주의의 우위성을 주장한 후쿠야마의 학설을 비롯해『문명의 충돌』로 유명한 새뮤얼 헌팅턴(Samuel Huntington)이나 일본의 동양사학자 오카다 히데히로, 19세기 프랑스의 사상가 알렉시 드 토크빌(Alexis de Tocqueville)의 『미국의 민주주의(De la démocratie en Amerique)』 등에 대해 언급하면서 "유럽의 역사를 이해하는 것도 어렵지만 중국은 유럽 이상으로 복잡하다. 중국의 역사는 길고 인구도 많다. 중국의 역사를 외국인이 확실히 이해하는 것은 대단히 어려운 일이다"라고 말했다.

당이 모든 중심인 '중국의 특색'

왕치산은 후쿠야마를 보면서 "당신은 국가 건설, 법의 지배, 책임

시진핑과 왕치산(2017년 3월, 인민대회당)

정부, 이 세 가지 요소가 중국의 역사에 존재했다고 적고 있다"라고 말하며, "중국이 현대화를 이루는 데에는 매우 긴 시간이 필요하다. 우리는 우리 자신의 역사와 문명을 확실히 이해하고 중국이 지니고 있는 우수한 DNA를 현대화를 위해 발휘하지 않으면 안 된다"라면서 다음과 같이 호소했다.

2013년에 우리는 새로운 시작 지점에 섰다. 5000년의 역사를 지닌 국가가 새로운 시작 지점에 섰다는 것은 엄청난 일이다. 여기까지 이르는 데에는 오랜 시간이 걸렸다. 이런 맥락에서 우리의 거버넌스 능력, 전면적인 개혁의지, 법에 의한 거버넌스를 이해해주었으면 한다.

이 국가를 이끌고 있는 당이 새로운 시작 지점에 섰을 때, 거기에는 13억 명의 인민이 있다는 사실을 잊어서는 안 된다. 이것이 중국의 특색인 것이다. 당신이 말하고 있는 바나 당신의 척도를 우리는 이해하고 있다. 헨리 키신저에게도 말한 적이 있지만 중국은 하나의 방향을 향해 나아가면서 13억 명이 낭떠러지 위를 걷도록 해서는 안 된다. 중국은 아직 신중하게 나아가지 않으면 안 되는 것이다.

여기에서 왕치산이 말한 2013년이란 시진핑이 총서기가 된 이듬해, 후진타오로부터 국가주석의 자리를 이어받아 시진핑 체제가 본격적으로 가동된 시기를 지칭하는 것으로 여겨진다. 그리고 시진핑도 자주 언급하는 '새로운 시작 지점'이란 중국이 경제와 정치 양면에서 대국으로서의 지위를 되찾고 청나라 말기 이래의 굴욕과 고난의 역사에 일단락을 지어 이류의 때를 맞이했다는 인식을 보여주는 것이라 할 수 있다.

왕치산의 발언에서는 중국인민해방군 국방대학이 제작한 〈교량무성〉에서 군 간부가 노골적으로 드러냈던 구미에 대한 적의가 느껴지지 않는다. 민주와 법치라는 이념과 그 이념이 인류의 역사에서 수행한 역할에 입각해 왕치산이 말하고자 한 바는 "구미의 역사나 정치제도를 깊이 연구했지만 그것을 모방만 해서는 중국의 현대화가 진전되지 않으며 중국에는 중국만의 행동 방식이 있다"라는 것이었다.

후쿠야마는 왕치산에게 질문할 기회가 주어지자 구미의 민주 제도를 밑받침하는 기둥으로서의 '법의 지배'에 대해 논하면서 "중국에서는 사법의 독립이 실현되고 있는가?"라고 물었다. 그러자 왕치산은 "있을 수 없는 일이다"라고 단언하며 "사법도 당의 지도하에 있지 않으면 안 된다. 이것이 중국의 특색이다"라고 첨언했다고 한다.

결론은 결국 '중국공산당'

이 회담으로부터 1년 반이 지난 2016년 10월, 필자는 후쿠야마에게 왕치산과의 회담에 대해 문의했다. 후쿠야마는 우선 "왕치산이 왜 우리를 만나고자 했는지, 그가 회담을 통해 누구에게 무엇을 전하고자 했는지 알 수 없다. 회담 자체가 나에게는 수수께끼였다"라고 말했다. 왕치산이 "강의를 부탁드린다"라고 요청하면서도 상대에게 질문하는 일은 거의 없이 본인이 계속해서 이야기를 했고 그 말의 이면에 있는 의도를 후쿠야마도 파악하지 못했던 것처럼 보였다.

회담의 내용은 공개될 예정이 아니었다는데, 동석했던 부하들이 내용을 기록하고 이를 중국공산당 내부의 일정한 지위의 간부가 회람하며 살펴보도록 상정되었던 것임은 틀림없다. 민주주의가 '인류 통치의 최종 형태'가 될지도 모른다고 말했던 후쿠야마를 만난다는 것 자체가 왕치산이 정치개혁을 향한 숨은 의욕을 보였다고 받아들여질 수밖에 없었으며, 이는 정치적으로 아슬아슬한 행위이기도 했다. 한편으로 왕치산은 회담에서 중국에는 중국의 역사와 사정이 있다면서 구미형 민주주의와 법치가 절대적이지는 않음을 거듭 강조했다. 후쿠야마는 "나와 같은 미국의 지식인을 만나고자 한 것을 두고 그의 자유주의

적 지향이 발현된 것이라고 간주할 수도 있지만, 그는 단지 중국공산당에 대한 충성을 보여주고자 했을 뿐인지도 모른다. 또는 그는 중국공산당이 모든 것과 투쟁하는 중임을 말하고자 했던 것일지도 모른다"라고 미루어 짐작했다.

다만 후쿠야마는 왕치산의 말에서 명확한 메시지를 감지했다. "그가 계속 말했던 바는 이 거대한 중국을 통치할 수 있는 것은 중국공산당뿐이며, 중국공산당이 중국을 통치하는 것이 대단히 중요하다는 것이었다."

왕치산의 발언에서 강하게 배어나는 것은 개혁개방으로 중국을 빈곤과 혼란의 밑바닥에서 구해낸 것은 중국공산당이며, 지금도 외교적으로나 내정적으로 어려운 과제에 직면해 있지만 그 난제에 대처해 해답을 도출할 수 있는 것 역시 중국공산당밖에 없다는 인식이다.

이러한 인식은 왕치산에게만 국한되지 않는다. 이러한 강력한 자부심 자체가 현재의 중국공산당 정권을 특징짓고 있다고 할 수 있다. 필자는 각지의 활동가들이 공무원의 자산 공개 등을 요구한 신공민운동에 대해 중국공산당이 대응하는 방식을 보면서 이러한 사실을 강하게 느꼈다. 전술한 바와 같이, 신공민운동이 내세운 이념과 요구는 모두 중국의 헌법에 명기된 서민의 권리에 기초하고 있다. 활동에 관계했던 멤버들은 당국이 탄압할 구실을 주지 않기 위해 자신들의 주장이 헌법에서 정하고 있는 범위를 벗어나지 않도록 주의를 기울였다. 공무원의 자산을 공개하는 것은 중국공산당의 지도자도 언급했던 내용이며 크게 보면 중국공산당이 고려하고 있는 내용과 결정적으로 대립하는 것도 분명 아니었다.

그럼에도 시진핑 지도부는 그 운동에 대해 철저한 탄압을 가했다. 그들의 호소를 거론할 필요도 없다는 식으로 뭉개버리는 행동방식을 보면서 "모든 개혁은 중국공산당의 생각과 계획하에서만 추진되며, 서민은 묵묵히 따르기만 하면 된다"라는 것이 정권의 의사임을 강하게 느꼈다.

중국을 지배하는 관료 제도의 맹점

『논어(論語)』에 "백성을 따르게 할 수는 있으나 알게 할 수는 없다(民可使由之, 不可使知之)"라는 말이 있다. 이 말은 위정자가 할 일은 백성을 정치에 순종케 하는 것일 뿐 그 이치를 백성이 이해하도록 할 필요는 없다는 의미로 해석되는데, 중국공산당의 통치는 실로 이 말을 체현하고 있는 듯하다.

전국적으로 뻗어 있는 당과 정부, 국영 언론 등의 네트워크를 통해 수집되는 다양한 정보는 베이징의 중난하이로 모여들어 그 중요도와 기밀성에 따라 일정한 지위의 간부에게 보고되고 전달된다. 즉, 정권 운영과 관련된 중요한 정보는 당내의 극히 일부의 간부가 독점하고 있으며, 13억 명의 인민은 물론이고 8800만 명의 중국공산당 당원이나 수백만 명의 중견 간부들도 대부분 지도부의 명령에 엄숙히 따르도록 요구받는 것이다.

후쿠야마는 2011년 출판된 『정치질서의 기원(The Origins of Political Order)』에서 중국의 역대 왕조가 막강한 정치 시스템을 계승할 수 있었던 것은 관료 제도가 발달했기 때문이라고 지적했다. 황제가 친족 등의 측근에 한정하지 않고 과거를 통해 사회에서 발탁된 우수한 관료들에게 행정을 맡기는 시스템은 다른 지역의 왕조와 국가에는 없던 근대성을 지니고 있었으며, 관료들이 황제와 왕족의 전횡에 대해 간언함으로써 권력의 균형이 창출되어왔다고 고찰했다.

중국의 봉건체제를 부정함으로써 정권을 취했던 중국공산당이지만, 그 사고가 전통적인 정치 문화의 영향을 받아 실제의 정치제도에도 반영되는 것은 이상한 일이 아니다. 황제도 과거의 제도도 더 이상 존재하지 않지만 왕궁에 출입하는 것을 허락받은 소수의 선출된 인물이 억만 명의 소리 없는 백성을 이끌어간다는 구도는 크게 변함이 없다.

"13억 명이 낭떠러지 위를 걷도록 해서는 안 된다"라는 왕치산의 발언에는 선택된 자로서 그들이 품고 있는 책임감도 깃들어 있다. 하지만 엘리트 의식을 강화하고 사회의 목소리를 봉쇄하는 관료 조직이 과연 권력에 대한 감시자로서의 역할을 담당하고 국가가 잘못된 길로 가지 않도록 하는 안전판이 될 수 있을까? 이 점에 대해 후쿠야마에게 질문하자 "중앙집권화된 관료 조직은 대단히 효율적이지만, 나는 다른 정치 시스템을 중단하고 그 시스템을 도입해야 한다고는 생각하지 않는다. 권력에 대한 견제 기능이 결여된 관료 조직은 대단히 위험하며 전제적이 될 수 있기 때문이다"라는 대답이 돌아왔다.

중난하이의 문이 열렸던 시대

중국공산당은 중국을 올바로 이끌고 있는 것은 자신들밖에 없다는 엘리트 의식을 신중국을 수립한 이래 줄곧 계속 키워왔던 것일까? 필자는 꼭 그렇지는 않았다고 생각한다.

베이징의 고궁 서쪽으로 펼쳐져 있는 중난하이는 역대 중국공산당 지도자들이 집무해왔던 정치권력의 중추이다. 무수한 감시 카메라가 설치된 높은 벽으로 둘러싸여 있으며 가까운 곳에 서 있기만 해도 당국 관계자가 쫓아올 정도로 경계 태세를 보이는 곳인데, 중난하이의 역사를 조사하고는 다소 놀랐던 적이 있다. 과거에 축제일이면 그 문을 열고 시민을 불러들였던 시기가 있었다는 것이다.

경호를 담당하는 중앙경위국이 입장권을 발매하고 인원을 통제해 지도자의 사무실과 거주지가 있는 지역에는 사람들이 들어가지 않도록 금지하기는 했지만, 인민들은 마치 소풍가는 기분으로 와서 지금은 중난하이 관계자와 외국 손님에게만 허용되는 호수 주변을 산책했다고 한다. 역사 속의 사소한 에피소드이기는 하지만, 과거에 인민들이 호수에서 조용하고 한가로운 시간을 보냈을 광경을 상상하다 보면 굳게 문을 닫은 오늘날의 중난하이와 큰 차이가 있어 놀라게 되며, 중국공산당과 인민 사이의 변화한 관계를 보는 듯한 생각도 든다.

중난하이의 개방은 1980년 개혁파 지도자 후야오방의 제안으로 시작되어 후야오방이 사망하고 톈안먼 사건이 일어났던 1989년까지 계속되었다. 전국적으로 계급투쟁에 몰두했던 문화대혁명의 혼란에서 빠져나와 개혁개방 정책 아래에서 세계를 향해 문을 열었던 그 시대의 평온하고 느긋한 분위기를 소중하게 기억하고 있는 중국인들이 지금도 적지 않다. 필자는 그 당시의 분위기는 잘 알지 못하지만, 당시 사람들은 아직 가난했지만 새로운 시대의 도래를 실감했으며 자신과 국가의 미래에 대해 큰 희망을 품었다고 한다. 그 열기는 당시의 중국공산당이 추진하고자 했던 정치개혁을 향한 움직임과도 연계되어 있었다.

1987년 후야오방을 대신해 총서기에 취임한 자오쯔양은 그 해 10

개혁개방 이래 역대 총서기

연도	이름
1982~1987	후야오방(胡耀邦)
1987~1989	자오쯔양(趙紫陽)
1989~2002	장쩌민(江澤民)
2002~2012	후진타오(胡錦濤)
2012~	시진핑(習近平)

월에 개막된 중국공산당 제13차 당대회에서 과감한 내용의 정치제도 개혁안을 제시했다. 덩샤오핑의 의향까지 반영해 장기간의 논의를 거쳐 상정된 개혁안에는 중국공산당의 지도 아래에 있는 정부의 권한을 강화하고 그 독립성을 제고시키는 당정 분리, 인민대표대회(국회에 해당)의 권한 강화, 당내 민주의 확대와 제도화 등의 내용이 들어가 있었다.

그 이후까지를 포함해 중국공산당이 제시한 개혁안 중 가장 구체적이고 대담했던 이 정치제도 개혁안은 무사히 채택되었지만, 보수파를 위시한 당내의 저항은 뿌리 깊었고 실제 개혁은 좀처럼 진전되지 못했다.

톈안먼 사건과 자오쯔양

당내 보수 세력의 저항이 강화되는 가운데 1989년 4월 학생들의 존경과 사랑을 한 몸에 받던 후야오방 전임 총서기가 사망했다. 후야오방을 추도하기 위해 톈안먼광장에 모였던 학생들이 그 상태로 광장에 남아 전국 각지에서 속속 합류하는 학생들과 함께 민주화를 요구하

자오쯔양이 연금되었던 자택에 모여 자오쯔양을 추도하는 사람들(2015년 1월)

기 시작했고, 이러한 목소리는 과거에는 없던 규모로 확산되어 중난하이의 지도자들을 긴장시켰다. 그리고 결국 중국공산당 지도부는 학생들의 목소리를 힘으로 봉쇄하는 결정을 내렸고, 6월 3일 심야부터 그 이튿날까지 인민해방군이 시내로 진격해 학생들에게 발포하는 톈안먼 사건이 일어났다. 중국 정부는 당시 사망자 수가 군인과 시민을 합쳐 390명이라고 발표했지만, 해외의 인권단체 등은 1000명 이상인 것으로 추산하며, 사건의 진상은 지금도 확실하지 않다. 어쨌든 많은 학생과 시민을 죽음에 이르게 만든 총탄에 의해 1980년대의 평온한 분위기는 사라지고 중국공산당은 씻어내기 어려운 상처를 역사에 남겼다.

군에 의한 탄압이 시작되기 전 자오쯔양은 스스로 톈안먼광장에 가서 시위를 계속하고 있던 학생들과 만나 "우리가 너무 늦게 왔다"라고 말했던 것은 잘 알려져 있다. 자오쯔양은 곧바로 실각되었으며 2005년 사망할 때까지 자택에서 연금 상태에 있었다.

베이징 제일의 번화가로 알려진 왕푸징(王府井)에서 가까운 부강 골목(富强胡洞)이라는 길거리에 자오쯔양의 자택이 있는데, 매년 기일인 1월 17일, 사람들이 성묘를 하는 4월 초의 청명절, 그리고 탄생일인 10월 17일에는 자오쯔양을 추모하는 사람들이 모여든다. 보통은 외부인이 들어오지 못하도록 당국 관계자가 거주하면서 계속해서 감시를 하고 있는데, 이 3일 동안만은 가족의 허가가 있을 경우 사합원(四合院, 안 뜰의 주변을 네 개의 기둥으로 둘러싼 중국의 전통적인 주거지)으로 조성된 그 집에 들어가는 것이 가능하기 때문이다. 필자도 이 부강골목을 통과해 자오쯔양이 아꼈다는 석류나무 아래에서 사람들이 고인을 그리워하는 시를 낭송하는 광경을 본 적이 있는데, 그 모습에서 과거에 중국에서 확대되었던 민주주의와 자유에 대한 열망의 잔상을 느낄 수 있었다.

민주개혁의 산증인, 바오퉁

베이징에는 1980년대 중국공산당의 중추에서 피어오르던 민주화에 대한 기운을 기억하고 있는 중요한 인물이 있다. 하지만 그 인물을 쉽게 만날 수 있는 것은 아니다. 당과 정부의 중요한 회의가 열리는 기간이나 톈안먼 사건이 일어난 6월 4일 전후 등 정치적으로 민감한 시기에는 자택의 전화가 차단되며, 연락을 취할 수 없게 된다. 그 밖의 시기에도 그의 자택 아파트의 승강기에는 그를 감시하는 남자들이 24시간 자리하고 있다. 필자가 그를 방문했을 때는 수상쩍은 자를 보듯 필자의 신원과 방문 목적 등을 시시콜콜 캐물었다. 신분증도 확인하기 때문에 필자가 그를 방문했다는 사실은 공안 및 국가안전 관련 당국에 모두 보고된다. 자택에서의 대화도 아마 도청되고 있을 것이다.

그 인물이란 자오쯔양 전임 총서기의 정치비서를 역임했으며 중국공산당 중앙위원을 지낸 바오퉁(鮑彤)이다. 그는 자오쯔양하에 발족된 당 중앙정치체제개혁연구실의 주임을 맡았으며 제13차 당대회에서 발표한 정치제도 개혁의 초안 작성에 깊게 관여했던 자로, 자오쯔양의 측근 중의 측근이다. 하지만 톈안먼 사건 직전인 1989년 5월 28일에 갑자기 구속되었고, 지도부가 계엄 태세를 취한다는 사실을 외부에 누설했다는 등의 이유로 '국가기밀 누설죄'와 '반혁명 선전선동죄'로 징역 7년의 실형을 판결받았다. 형기를 마치고 출소한 이후에도 전술한 바와 같이 삼엄한 감시를 계속 받고 있다.

필자가 그를 처음 만난 것은 2013년 5월의 일이었다. 이미 80세를 넘겼지만, 승강기까지 마중 나왔을 때의 경쾌한 발걸음과 악수했을 때의 두꺼운 손이 강하게 인상에 남아 있다. 인터뷰를 시작하며 더욱 놀랐던 것은 명석한 사고와 신념으로 가득 차 힘 있게 말하는 모습이었다. 가족 이외의 사람들과는 엄격하게 접촉을 제한받고 있음에도 국영 언론이 전하는 천편일률적인 정보뿐만 아니라 국내외에서 일어나고 있는 일까지 매우 상세히 파악하고 있었다.

바오퉁은 톈안먼 사건으로 인해 체제의 내부에서 축출되었으므로 중국공산당 권력의 핵심이라 할 수 있는 정치국 상무위원 회의에 일상적으로 참석한 간부 가운데 외국 언론에 이런 말을 해주는 인물은 현 단계에서는 아무도 없다고 할 수 있다.

필자는 그 뒤로도 기회가 되면 그를 방문해 시진핑 지도부의 정책에 대한 평가, 일본과의 역사 문제, 정치국 상무위원들에 의한 정책 결정의 틀, 톈안먼 사건 전야에 자오쯔양과 나눈 대화 내용, 중국에서의 민주화 문제 등에 대해 이야기를 들었다.

"우리의 민주주의는 왜 거짓인가?"

"왜 중국의 민주화는 좌절되었는가? 왜 정치제도 개혁은 진전되지 않는가?"라고 묻는 필자에게 바오퉁은 다음과 같이 말한 적이 있다.

> 정권이 두려워하고 있기 때문이다. 권력을 잃게 되면 중국공산당은 와해되고 중국은 분열될 것이라고 두려워하고 있다. 하지만 그러한 일은 없을 것이다. 타이완에서 독재를 계속했던 국민당이 하야했어도 타이완은 그곳에 있으며 국민당이 다시 정권을 잡지 않았는가? 정당이 두려워하지 않으면 안 되는 것은 단 한 가지뿐이다. 바로 백성으로부터 신뢰를 받지 못하게 되는 것이다. 백성으로부터 신뢰를 받으려면 정권에 있는 자가 백성을 믿지 않으면 안 된다. 지도자가 백성을 신뢰하면 백성도 지도자를 신뢰한다. 지금도 많은 사람이 자오쯔양을 사모하는 것은 그의 가운데에는 항상 백성이 있었기 때문이다.

바오퉁에 따르면, 자오쯔양과 바오퉁 모두 정치제도의 민주개혁 자체를 입 밖으로 꺼낸 적은 없었다. 당의 노선과 관련된 커다란 문제를 두 사람 사이에서 이야기하고 있다는 사실이 새어나가면 서로의 정

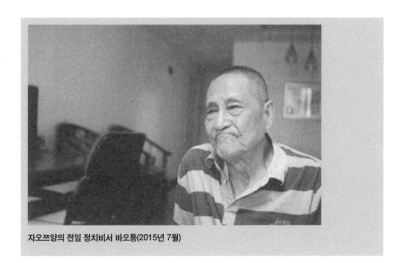
자오쯔양의 전임 정치비서 바오퉁(2015년 7월)

치적 입장이 악화될 우려가 있기 때문이었다. 두 사람은 암묵적인 합의하에 당시에 중국이 안고 있던 문제들의 해결책을 구상하는 과정에서 인민에 의한 권력 감시와 당이 장악하고 있는 권한 위양 등의 접근을 시도했다는 것이었다. 이는 풍파를 일으킬 만한 일에 대해서는 자신과 주위의 틈새를 가늠하면서 진행할 수밖에 없는 중국정치의 섬세함과 아슬아슬함을 잘 보여준다.

다만 바오퉁은 자오쯔양이 1987년 당 정치국 상무위원 회의와 정치국원 회의에서 각각 1회씩 다소 표현은 달랐지만 필자가 물어본 내용과 동일한 문제를 제기하는 것을 확실히 느꼈다고 했다. 자오쯔양은 먼저 "우리는 중국공산당의 민주주의가 실제적인 민주이고 서방측의 민주주의는 가짜라고 말하는데, 왜 그쪽의 민주가 진짜 같고, 우리 쪽이 거짓 같은가? 이를 검토해볼 필요가 있다"라고 말하면서 "우리는 발전도상국이다. 우리가 가난한 것은 경제의 기초가 정비되지 않고 생산력의 발전이 충분하지 않기 때문이다. 이는 백성도 이해해줄 것이며 인내해줄 것이다. 하지만 당과 백성의 관계가 원활하지 않다면 그들은 용납하지 않을 것이다. 그것은 가난과는 관계가 없는 것이기 때문이다. 우리는 백성과의 관계를 개선할 책임이 있다. 그 점에서 우리는 그들(구미 국가들)보다 잘하지 않으면 안 되며, 적어도 열등해서는 안 된다"라고 강조했다고 한다.

당과 민중 간의 거리감

바오통은 자오쯔양이 민주적인 정치제도의 도입을 모색한 것은 "당과 백성의 관계를 어떻게 유지할 것인가라는 문제의식에서 비롯되었다"라고 단언한다. 지금과 비교할 수 없는 규모이기는 하지만 당시에도 관료의 부패가 사회 문제였는데, 자오쯔양은 중국공산당을 향한 서민의 냉엄한 눈길을 느끼고 중국공산당에 의한 통치가 정통성을 지니는지 계속 고민했던 것임에 틀림없다. 그러한 고민 끝에 얻은 해답은 인민을 믿고 중국공산당이 장악해온 권한의 일부를 인민에게 위임한다는 것이었을 것이다.

그러나 그가 제시한 정치개혁의 길은 톈안먼 사건으로 막혀버렸다. 그 이후 중국이 장족의 경제 발전을 실현하는 가운데 당시 학생들의 호소와 자오쯔양의 자세가 순진했다고 생각하는 사람이 증가했고, 민주화와 정치개혁을 요구하는 분위기는 사그라들었다.

뜰에 있는 석류나무에 꽃을 피우는 것을 즐거움으로 삼으며 연금 생활을 계속했던 자오쯔양은 2005년 1월 실의 속에 사망했다. 유골은

자오쯔양이 아꼈던 석류나무(2012년 10월)

중국공산당에 공헌한 간부들이 영면하고 있는 베이징 교외의 바바오산 혁명공공묘지에 매장하는 것이 허락되지 않아 화장된 상태 그대로 지금도 부강골목의 자택 방안에 안치되어 있다.

필자가 "자오쯔양이라는 지도자의 진수는 무엇이었는가?"라고 묻자 바오퉁은 "상대가 자신을 내몰려는 지도자이든 가난한 농민이든 간에 모두를 사람으로서 정중하게 대했다. 그러한 지도자였다"라고 즉시 대답했다. 필자가 "언젠가 자오쯔양의 명예가 회복되는 날이 올 것 같은가?"라고 묻자 그는 "중국의 문제는 결국 이 국가의 진정한 주인공이 누구인가 하는 것이다. 이 문제가 해결되지 않는다면 설령 자오쯔양의 명예가 회복된다 하더라도 본인은 기뻐하지 않을 것이다"라고 대답했다.

문화대혁명의 망령

자오쯔양이 톈안먼광장을 메운 학생들 속으로 들어갔을 때 동안의 한 인물이 그를 따라다니며 시중을 들었다. 총서기의 집무를 보좌하는 당 중앙판공청의 일인자였던 원자바오였다. 그랬던 그가 자오쯔양의 실각에 휩쓸리지 않고 그 이후 총리에까지 올랐다는 것은 정치적인 입장에서는 자오쯔양과 일정한 거리를 두었음을 보여준다. 그럼에도 그가 자오쯔양의 가르침을 받은 얼마 되지 않는 중추 간부로서 민주파와 개혁파의 지식인으로부터 기대를 받아왔다는 것은 이미 앞에서 논한 바 있다.

2012년 3월 14일 필자는 전국인민대표대회(전국인대)가 개막한 직후에 인민대회당에서 열린 총리 회견에 출석했다. 이 회견은 국내외 언론의 질문에 대해 중국의 총리가 2시간 남짓 답변하는 자리로, 1년에 1차례 개최되는 중요한 회견이다. 원자바오는 그 해 가을의 당대회에서 당 지도부에서 물러나는 것이 결정되었기 때문에 그 자리에 마지막으로 서는 것이었다. 이 책의 서장에서 논한 바와 같이, 이 해의 전국인대는 다른 때와는 사뭇 분위기가 달랐다. 충칭의 공안국장이던 왕리쥔이 미국 총영사관으로 도주해 들어가 그의 상사였던 보시라이의 정치적 입장이 위태로워졌기 때문이다. 수백 명의 기자와 카메라맨이 지켜보는 가운데 원자바오는 항상 그랬던 것처럼 천천히 한 마디 한 마디 음미하듯 질문에 대답하면서 총리로서의 일을 회고했다. 회의장에는 '한 시대가 끝났다'는 감상도 흘렀다. 그러다가 원자바오의 한 발언으로 분위기가 단번에 긴장되었다. 싱가포르 신문의 기자가 정치제도 개혁에 대해 질문하자 원자바오는 험악한 표정으로 "문화대혁명이 남긴 독과 봉건적인 영향은 아직 완전히 제거되지 않았다. 이제까지의 개혁의 성과를 다시 상실하고 문혁이라는 역사의 비극이 다시 반복될 우려가 있다. 모든 당원과 간부, 지도자는 위기감을 갖지 않으면 안 된다"라고 말했던 것이다.

다소 당돌한 인상을 주기도 했던 이 발언의 진의는 지금도 확실하지 않다. 그 이튿날 보시라이의 해임이 발표되었던 것을 감안해보면, 보시라이와 그 주변에서 진행된 정쟁이 그 배경이었던 것으로 보인다. 다만 원자바오가 굳이 '문혁'이라는 표현을 사용한 것은 보시라이가 일으켰던 당내의 혼란이 단순히 지위를 둘러싼 권력 싸움이 아니라 심각한 노선 대립의 양상을 띠고 있었을 가능성을 강하게 시사한다.

사실 원자바오는 그로부터 약 1년 전, 즉 보시라이와 왕리쥔의 문제가 표출되기 전인 2011년 4월에도 예전부터 알고 지내던 홍콩인과 만난 사적인 자리에서 "국내에는 문화대혁명의 어두운 흔적이 나타나고 있다. 그들은 진실을 말하지 않고 제멋대로 거짓말을 만들어낸다"라고 말했던 것이 밝혀졌다. 당시 원자바오의 '문혁' 발언을 들었던 사람들이 곧바로 연상한 것은 당시 보시라이가 충칭에서 화려하게 전개하던 '혁명가 캠페인'이었다.

서민의 마음을 사로잡은 보시라이의 수완

서장에서도 언급했지만, 당 원로인 보이보를 부친으로 두고 있는 보시라이는 1950년을 전후해 출생한 '제5세대'라 불리는 지도자 중에서도 경력, 가정 배경, 소탈한 행동거지 등이 두드러진 '스타 정치가'였다. 다롄시(大連市)의 서기, 랴오닝성 성장, 상무부 부장으로 순조롭게 경력을 쌓은 그는 2007년의 제17차 당대회에서 정치국에 입성했고 베이징, 상하이, 톈진과 나란히 직할시인 충칭의 일인자에 임명되었다. 이는 승진 경로 측면에서 결코 나쁘지 않았지만, 같은 제5세대로 상하이시의 서기였던 시진핑이 중앙위원에서 단번에 두 단계 승급해 정치국 상무위원으로 진입하고 가장 유력한 차기 최고지도자 후보로 도약했기 때문에 당내 출세 경쟁에서 보시라이가 뒤처지고 있다는 느낌은 부인할 수 없었다.

충칭에 부임한 보시라이는 2008년 봄 이래 시민을 끌어들이는 기발한 운동을 전개하기 시작했다. 문화대혁명 시대에는 마오쩌둥과 중국공산당을 예찬하기 위해 혁명가를 왕성하게 불렀는데, 이 혁명가를 부르도록 장려하는 '창훙가(唱紅歌)'라는 캠페인을 펼친 것이다. 직장과 지역마다 합창단이 만들어졌고 아침저녁으로 노래를 부르도록 요구되었다. 각각의 합창단이 참가해 경연을 벌이는 TV 프로그램이 만들어지고 시내의 스타디움을 무대로 삼아 수만 명 규모의 대회 등도 열렸다. 2011년 9월 충칭에서 취재했을 무렵 "합창단의 멤버가 부족해 경연을 위해 1인당 50위안을 지불하고 사람을 끌어모았다"(은행 직원의 발언)라는 말도 들었는데, 이러한 동원에 난처한 표정을 짓는 시민들만 있었던 것은 아니다.

이 책의 제2장에서 언급한 바와 같이, 개혁개방의 결과로 빈부의 격차가 확대되고 경제 발전의 물결에서 뒤처진 사람들은 사회의 불공정함을 느끼게 되었고, 그들 사이에서는 가난하더라도 격차가 없던 문화대혁명 시대를 그리워하는 분위기도 싹텄다. 보시라이는 그 물결의 흐름을 잘 파악했다. 혁명가 캠페인뿐만 아니라 저소득자를 위한 공공

주택을 대폭 증축하는 계획을 세우고, 주변의 농촌에서 연해 지역의 대도시로 이주한 젊은이들을 겨냥해 충칭에 돌아와서 사업을 시작하기 위한 융자 제도를 구축하는 등 약자에게 다가서는 자세를 전면에 내세웠다. 해당 지역에서 취재하자 보시라이의 수완을 크게 칭찬하는 시민이 실제로 많다는 데 눈이 휘둥그레질 정도였다.

베이징을 향한 보시라이의 도전

보시라이는 2011년 7월 충칭시 당 위원회의 대회에서 "인민이 중국공산당을 정권으로 밀어 올린 것은 모두가 풍요로워지는 사회의 실현을 기대했기 때문이다"라고 호소하며 '공동 부유'를 지향한다는 결의를 밝혔다. 시진핑이 총서기로서 '공동 부유'의 실현에 주력하는 자세를 확실히 보이기 4년 전의 일이다. 보시라이의 조치와 언동은 중국공산당 시정의 기본 노선에 관련된 것으로, 일개 지방 도시의 지도자가 가진 권한을 넘어선 것은 명백했다. 여기에서 사회의 모순을 확대시킨 당 지도부를 비판하거나 당 지도부에 도전하는 분위기를 감지한 사람도 적지 않았다. 법의 질서를 무시한 채 보시라이에게 비판적인 인사나 해당 지방의 유력자 등을 내몰았던 다헤이(범죄 소탕) 같은 일탈까지 합쳐져 베이징에서는 충칭의 동향을 위험하게 보는 우려가 높아지고 있었다.

2011년 9월 27일, 충칭시 당 위원회는 베이징에서 정치학자 등 10여 명을 초대해 비공개 좌담회를 개최했다. 초대되어 출석한 언론 간부에 따르면, 좌담회의 주제는 중국공산당과 민중(民衆, 중국어로는 군중

(群案)] 간의 관계를 지칭하는 '당군 관계(黨群關係)'였다고 한다. 충칭시가 영빈관으로 이용하던 위저우빈관(渝州賓館)에서 열린 회의에는 보시라이를 비롯해 충칭의 핵심 간부들도 출석했다. 시가 초청한 사람 중에는 좌파라고 불리는 보수파 학자들이 많았는데, 그들은 저마다 보시라이의 조치를 칭송하고 찬양했다. 그러한 분위기에 의문을 느낀 어느 언론 간부는 혁명가 캠페인에 대해 "문화대혁명을 연상시키는 이데올로기의 색채를 옅게 하는 편이 좋지 않은가?"라고 지적했다. 일순간 분위기가 얼어붙었지만 회의는 지체되지 않고 진행되었다. 그런데 마지막에 보시라이가 마무리 발언을 하면서 그 간부에게 날카로운 시선을 보내며 다음과 같이 말했다고 한다.

나는 문화대혁명으로 부친이 타도되었고 나 자신도 투옥되었다. 본래대로라면 나는 문혁을 증오해야 할 것이다. 하지만 장기간 사색한 결과, 지금 중국에는 마오쩌둥이 지향했던 길이 필요하다는 생각을 하기에 이르렀다.

회의가 끝난 이후 충칭시의 한 간부가 다가와서는 "보시라이 서기를 향해 의견을 제기한 사람은 당신이 처음이다"라고 충고하는 듯 말했다고 한다.

'마오쩌둥의 아이'가 취한 길

1966년에 발동한 문화대혁명에서는 마오쩌둥과 그 추종자인 4인방이 젊은이와 노동자를 부추겼고 그들을 정적을 내몰기 위한 도구처럼 이용했다. 계급투쟁의 이데올로기하에서 법을 무시한 폭력이 확산되었고, 지식인과 원래의 지주 계급 사람들, 과거에 국민당에 가담했던 사람들이 가혹한 비판과 공격을 받았으며, 학생이 교사를, 아이가 부모를 규탄했고, 이웃과 동료 간에 서로 밀고하는 상황도 벌어졌다.

문혁 시대에 보시라이의 부친인 보이보가 베이징 공인체육관(工人體育館)에서 민중 앞에 끌려나와 비판을 받았는데, 보시라이의 친족과 교류했던 여러 명의 당 관계자에 따르면, 보시라이의 모친은 동남아시아로 도망하려다가 광저우에서 체포되어 죽음을 맞이했다고 한다. 보시라이 자신은 홍위병 조직인 규찰대(糾察隊)의 멤버가 되어 '자본주의의 길을 걸은 실권파'라는 낙인이 찍힌 당 간부를 비판하는 측에 있었는데, 자동차를 훔치는 등의 행패를 부렸다는 이유로 구속되어 농장에서 강제 노동에 처해졌던 경험이 있다.

보시라이가 좌담회에서 언급한 것은 자신의 이와 같은 생애였다. 이러한 그가 문혁 회귀를 연상시키는 정치를 강행한 것은 무엇 때문이었을까? 실제로 가난한 서민에게 다가서려는 속셈이었을까, 아니면 단순히 권력의 핵심에 오르기 위해 당중앙을 향해 안티테제를 제시했던 것일까? 보시라이의 재판과 중국공산당의 공식 견해를 참작할 경우 후자에 해당할 가능성이 높지만, 그 진상은 알 수 없다. 다만 보시라이가 기득권을 장악하고 있는 당 간부 및 부유층과 가난한 서민 사이에 가로놓여 있는 깊은 골을 간파하고 거기에 손을 댐으로써 무언가를 흔들어보고자 했던 것은 틀림없다. 그 동기와 접근 방법은 완전히 다르지만, 보시라이가 하고자 했던 것 또한 자오쯔양과 마찬가지로 '당군 관계', 즉 중국공산당과 서민의 관계를 재구축하는 시도였을지도 모른다.

그렇다고 해도 이를 위해 보시라이가 여전히 공포심을 숙지하고 있을 게 분명한 문혁 당시의 수법을 그대로 선택했다는 것은 이해하기가 어렵다. 보시라이와 마찬가지로 베이징시 제4중학에서 수학했고 보시라이보다 두 살 어린 보시라이의 동생과 친분이 있는 중국정법대학(中國政法大學)의 양판(楊帆) 교수에게 그러한 질문을 들이대자 그는 한동안 생각한 끝에 다음과 같이 말했다.

엄격한 부친에게 맞으며 자라난 아이가 부모를 증오하면서도 자신 또한 자신의 아이를 유사한 방식으로 양육하는 것과 비슷할지도 모른다. 보시라이도 결국은 마오쩌둥의 행동 방식밖에 알지 못했고, 또한 그 방법이 유효하다는 것도 알고 있었다. 그 시대에 골수까지 마오쩌둥의 사상을 주입받았던 우리는 마오쩌둥에 의해 양육받은 마오쩌둥의 아이인 것이다.

마오쩌둥이기도 하고 덩샤오핑이기도 하다

당중앙에 도전하고자 했던 보시라이의 시도를 분쇄하고 당내에 확산되었던 위기감을 지렛대 삼아 강대한 권력을 일거에 획득한 것은 시진핑이었다. 이 책의 서장에서 살펴본 바와 같이, 2016년 10월 열린 중국공산당 6중전회에서 당의 '핵심'으로 추대된 시진핑은 "극소수의 고급 간부가 정치적 야심을 팽창시켜 파벌을 만들고 정치적인 음모를 기획했다"라면서, 보시라이와 그를 지지하려 한 것으로 여겨지는 저우융캉 등의 이름을 거론하며 재차 단죄했고, 당이 결속해 당중앙의 지시에 따르도록 명했다.

그러나 그러한 시진핑도 보시라이와 마찬가지로 문화대혁명 가운데 청년 시기를 보낸 '마오쩌둥의 아이'라고 할 수 있는 세대이다. 정쟁에 휘말렸던 부친 시중쉰의 모습을 눈으로 직접 보는 한편, 하방된 산시성의 농촌에서는 요동의 램프 아래 마오쩌둥의 저작을 읽었다.

중국공산당은 1981년의 결의를 통해 문화대혁명을 '당과 국가, 인민에게 심각한 재난을 초래한 내란'이라고 총괄하고, 마오쩌둥에게 과오가 있었다고 했다. 시진핑 지도부도 2016년 문혁 발동 50주년 당시 ≪인민일보≫의 평론이라는 형식으로 종래의 평가를 답습했는데, 시진핑은 마오쩌둥과 그의 정치적인 유산에 대해 당의 평가와 미묘하게 차이 나는 견해를 가진 것으로 보인다.

예를 들면 총서기가 된 지 얼마 되지 않은 2013년 1월, 시진핑은 중앙당교에서 가진 연설에서 "개혁개방 이후의 역사 단계에서 그 이전의 역사 단계를 부정해서는 안 되며, 개혁개방 이전의 역사 단계에서 그 이래의 역사 단계를 부정해서도 안 된다"라고 말해 물의를 빚었다. '개혁개방 이전의 역사 단계'에는 문혁 시대가 포함되므로 이는 문혁과 마오쩌둥을 옹호하는 듯한 표현이었기 때문이다. 한편 시진핑은 총서기에 취임한 후 처음 가진 시찰에서 선전을 방문하고 개혁개방을 지킨다는 자세를 보여 덩샤오핑 노선의 계승자임을 호소하기도 했다.

정치와 이데올로기를 우선시한 문혁 노선과 경제 건설을 중시하는 현실주의적인 개혁개방 노선이 있다면, 전자를 상징하는 것이 마오쩌둥이며, 후자를 상징하는 것이 덩샤오핑이다. 시진핑이 말하고자 했던 바는 어쨌든 각각의 시대를 배경으로 한 중국공산당의 역사이며 그 축적 위에 오늘날의 중국이 있는 것이므로 이를 우회하는 것을 포함해 중국공산당이 걸어왔던 족적이 부정되어서는 안 된다는 것이었다. 정치제도 개혁방식을 연구하는 정치학자 리판(李凡)은 시진핑의 이 발언을 들은 후 "그는 마오쩌둥이기도 하고 덩샤오핑이기도 한 인물이 되고자 하고 있다"라고 평가했다.

시진핑이 넋을 잃고 본 사진

그렇다면 시진핑은 마오쩌둥에게서 무엇을 배우고자 하고 있을까? 그 해답 가운데 하나를 엿볼 수 있는 에피소드가 있다.

후베이성(湖北省) 우한시(武漢市) 교외에 위치한 둥후빈관(東湖賓館)은 역대 지도자가 중요한 손님을 맞이하는 장소로 애용해 '후베이의 영빈관'이라고도 불러왔다. 2013년 7월 21일, 한여름의 늦은 일몰 무렵 둥후빈관의 한 건물에 몇몇 수행원을 이끌고 시진핑이 나타났다. 그곳은 마오쩌둥이 생전에 48회나 방문했으며 때로는 수개월이나 머물렀던 건물로, 현재는 '마오쩌둥의 구거(舊居, 옛 거주지)'라는 이름으로 기념관을 조성해 연고지의 자료를 전시하고 있다. 해당 기념관의 간부에 따르면 지도자가 견학하러 온다는 연락을 받은 것은 몇 시간 전의 일이었다고 한다. 우한 시찰을 마친 시진핑이 강력하게 요청해 저녁식사 전 약간의 시간을 할애해 이루어진 방문이었다. 직원의 해설을 들으면서 마오쩌둥과 관련된 전시를 보던 시진핑은 한 조그마한 사진 앞에 발걸음을 멈추었다.

흑백 사진은 신중국이 수립된 지 4년 후인 1953년 2월, 우한을 방문했던 마오쩌둥이 길거리에서 처우더우푸(臭豆腐, 발효시킨 두부로 중국

시진핑이 넋을 잃고 본 마오쩌둥 사진(1953년 2월)

의 대표적인 서민음식)를 파는 서민 및 그곳에 모여든 아이들과 친밀하게
이야기를 나누는 장면을 촬영한 것이었다. 직원이 "지도자와 민중이
이렇게 감정을 소통하는 모습은 감동적이다"라고 말하자 시진핑은 수
차례나 고개를 끄떡였다. 그리고 직원이 다음 전시를 설명하려고 돌아
섰는데도 시진핑은 계속 그 사진 앞에 서서 한동안 뚫어지게 보았다고
한다. 아마도 시진핑은 많은 서민들이 중국공산당에 대해 무구한 기대
감을 가졌던 시대의 분위기를 그 사진을 통해 간파하고 느낀 바가 많
았을 것이다.

시진핑이 총서기에 취임한 지 2일 후인 2012년 11월 17일 새로운

당 정치국이 발족했는데, 이 정치국에서 열린 최초의 학습회에서 "부패가 만연하면 최후에는 당도 국가도 멸망한다"라며 반부패 조치를 단행하는 데 대한 결의를 밝혔다는 것은 이 책의 서장에서 언급한 바 있다. 시진핑은 그 자리에서 또 하나를 강조했는데, 바로 "당과 인민이 혈육을 나눈 것과 같은 관계를 유지할 수 있다면 국가는 번영하고 안정될 것이다"라는 것이었다.

중국은 세계 제2의 경제대국이 되었으며, 모든 사람이 여유 있는 생활을 영위한다는 소강사회의 목표가 현실화될 가능성도 언급되고 있다. 하지만 또한 중국공산당은 기회가 있을 때마다 자신들이 중국을 지배하는 정통성을 지니고 있음을 소리 높여 외치고 이를 증명하고자 한다. 중국공산당의 자신감과 그 이면의 위기감은 서로 교차해서 반복되고 있는데, 그들이 호소하고 있는 상대방은 다름 아닌 13억 명의 인민이다.

"물은 배를 띄우기도 하지만 배를 전복시키기도 한다." 지도자로서 시진핑이 행하는 모든 언동과 조치는 궁극적으로 문화대혁명과 톈안먼 사건, 또는 심각한 부패로 추락한 인민의 신뢰를 어떻게 유지하고 중국공산당 정권을 어떻게 지켜낼 것인가 하는 명제와 결부되어 있는 것처럼 보인다.

'핵심' 시대의
당대회

시진핑의 후계자가 출현할 것인가

앞서 여러 차례 말했듯, 2016년 10월 열린 중국공산당 6중전회에서 시진핑은 마오쩌둥이나 덩샤오핑과 마찬가지로 당중앙의 '핵심'으로 규정되었다. 지도부가 발족할 당시에는 리커창 총리와 나란히 '시진핑 − 리커창 체제[習李體制]'라고도 일컬어졌지만, 지금은 권력 구조가 시진핑의 1강 체제로 거의 확립되었다고 할 수 있다. 당은 또한 집단 지도체제를 유지하고 있지만, 총서기와 정치국 상무위원 간 힘 관계, 또는 총서기와 정치국원과의 힘 관계는 후진타오 지도부 시대와는 크게 다르다고 할 수 있다. 이 책의 서장에서 논한 바와 같이, 이는 시진핑을 중심으로 당이 단결해 당 안팎과 국가 안팎의 어려운 과제에 대처해 나아간다는 지도부 발족 당시의 합의를 답습한 것으로 볼 수 있는데, 그 철저한 방식과 신속함에는 눈이 휘둥그레질 정도이다.

시진핑 지도부는 2017년 후반, 5년에 한 차례 열리는 당대회를 개최한다.⁺ 당대회는 중요한 정책과 노선을 결정하는 장이기도 하지만,

최대의 관심사는 뭐니 뭐니 해도 인사이다. 지도부의 얼굴이 당대회 때마다 크게 교체되기 때문에 당대회를 앞둔 시기는 다양한 흥정과 사전 교섭이 거듭되는 정치의 계절이 된다.

장쩌민이 이끄는 제3세대에서 후진타오를 중심으로 하는 제4세대로의 교체가 이루어진 2002년 제16차 당대회 이래 당 총서기는 2기 10년 동안 집권한 후 은퇴하는 형태를 띠어왔다. 이러한 흐름을 감안하면 제19차 당대회는 시진핑을 총서기로 하는 체제가 반환점을 통과하는 지점인데, 인사 면에서의 중요성은 주요 인물이 교체되는 당대회에 비해서도 결코 낮다고 할 수 없다. 고령이라는 이유로 은퇴하는 정치국 상무위원과 정치국원이 많은 데다, 그들을 대신해 발탁되는 차세대 간부 중에 시진핑의 후계자가 있을 가능성이 높기 때문이다.

시진핑도 2007년 열린 제17차 당대회에서 중앙위원에서 정치국원으로 단번에 두 단계를 승급하는 형태로 정치국 상무위원이 되었다. 그때까지는 리커창이 '포스트 후진타오'의 유력한 후보로 평가되는 일이 많았는데, 당 내부의 서열에서 시진핑이 6위가 되어 7위인 리커창을 누르자 일약 후진타오의 후임으로 인지되었던 것이다. 그 이후 시진핑은 당의 인사와 조직 구성을 담당하는 당무(黨務)를 담당해 중국공산당 통치의 요체를 배우는 한편, 국가부주석을 겸임하며 외교 경험도 축적했다. 3년 후인 2010년에는 당 중앙군사위원회 부주석으로 승진해 당, 군, 국가의 3권을 통솔하기 위한 경험을 쌓고 제18차 당대회에서 모든 것이 갖추어지기를 기다린 이후 중국의 최고지도자 자리에 앉

+   2017년 10월 18일부터 10월 24일까지 중국공산당 제19차 당대회가 개최되었다. _옮긴이

았다.

'68세 정년'의 불문율에 금이 가다

이 책의 서장에서 논한 바와 같이, 후진타오는 전임인 장쩌민이 총서기에서 물러난 이후에도 중앙군사위원회 주석 자리에 머무르면서 영향력을 행사했던 폐해를 극복하기 위해 제18차 당대회에서 완전 은퇴해 권력을 시진핑에게 물려주었다. 또한 후진타오 지도부 시대에서는 정치국 상무위원이 67세 이하라면 유임될 수 있지만 68세에 달했다면 은퇴한다는 '칠상팔하(七上八下)'라는 말이 광범위하게 퍼졌고 실제 인사도 이와 모순되지 않는 형태로 추진되었다. 일련의 움직임은 당 지도부의 인사를 제도화·규범화해 나아간다는 후진타오의 의도 또는 당의 의도를 짐작케 했다.

그러나 시진핑 지도부 아래에서는 그러한 흐름이 바뀌는 징후가 나타나고 있다. 시진핑이 '핵심'으로 승격된 6중전회가 폐막된 지 얼마 되지 않아 베이징에서 열린 기자회견에 당 중앙정책연구실의 간부인 덩마오성(鄧茂生)이 갑작스럽게 모습을 드러내 기자들을 놀라게 만들었다. 그는 상무위원의 '68세 정년'이 계속 이어지는가와 관련된 질문에 대해 덩마오성은 "칠상팔하는 민간에서 유포되고 있는 말에 불과하며, 믿지 않는 편이 낫다"라고 부정하며, "당의 간부, 특히 당중앙의 지도자 은퇴에 대해서는 규정이 있다. 엄격하게 운용되는 일도 있지만 실제 상황에 따라 유연하게 운용되기도 한다"라고 대답했다. 당 중앙정책연구실은 이름에서 연상되듯이 단순한 싱크탱크가 아니다. 지도부의 정책 판단과 직결되는 당의 주요 기관이다. 이 기관의 무게감은 시진핑의 오른팔인 정치국원 왕후닝이 일인자 자리를 맡고 있다는 데 서도 나타난다. 그러한 기관의 간부가 공적인 장소에 모습을 보이는 것 자체가 드문 일이므로 덩마오성이 특별히 회견에 출석해 한 말은 당 지도부의 의향과 무관하다고 할 수 없다.

현재 7명인 정치국 상무위원 가운데 제19차 당대회가 개최되는 단계에서 67세 이하인 사람은 시진핑과 리커창뿐이다. '칠상팔하'의 규칙이 유효하다면 나머지 5명은 은퇴하게 된다.[+] 하지만 당 내부에 서 큰 반발을 초래할 우려가 있던 반부패를 단행할 수 있었던 것은 왕 치산 당 중앙기율검사위원회 서기의 수완에 힘입은 바 크다는 평가가 당 안팎에서 매우 높다. 그 덕에 왕치산은 최고지도부에 머무르게 되 는 것 아닌가 하는 추측이 제기되던 시기였기 때문에 덩마오성의 발언 은 대단히 높은 정치성을 띠었다. 즉, 차기 당대회(제19차 당대회)에서는 지도자의 인사가 연령에 구애받지 않을 수 있다는 '사전 작업'으로서의 의미가 있다는 견해이다.[++]

시진핑은 정치국 상무위원 경험자는 형사소추를 받지 않는다는 '형불상상(刑不上常)'의 불문율을 깨뜨리고 저우융캉을 구속했다. 암막 뒤에서 비밀리에 결정되는 일이 많은 중국 정치를 파악하기 위해서는 과거의 사례와 당 내부의 결정을 짚어봐야 하는데, 시진핑 체제하에서

[+] 나머지 5명의 상무위원은 장더장(張德江, 1946~), 위정성(兪正聲, 1945~), 류윈산 (劉雲山, 1947~), 왕치산(王岐山, 1948~), 장가오리(張高麗, 1946~)로, 이들은 제19 차 당대회 개최와 함께 모두 은퇴했다. _옮긴이

[++] 2017년 10월 개최된 제19차 당대회를 통해 당 중앙정치국 상무위원으로 시진핑, 리커 창 외에, 리잔수, 왕양(汪洋), 왕후닝, 자오러지(趙樂際, 1957~), 한정(韓正, 1954~) 이 새로 당선되었다. _옮긴이

는 이에 지나치게 구애받으면 정치의 흐름을 잘못 읽을 우려도 강해지고 있다.

시진핑의 연임을 위한 편법

정치국 상무위원의 정년제를 의미하는 '칠상팔하'의 규칙이 애당초 존재하지 않는다거나 혹은 유명무실해졌다면, 그 영향은 왕치산의 거취에만 한정되는 것이 아니다. 이는 2022년 제20차 당대회에서 69세가 되는 시진핑이 물러나야 할 때에도 영향을 미치기 때문이다.

2006년에 당이 정한 당 간부의 임기에 관한 '잠정 규정'에 따르면 간부가 한 직위에 머무는 것은 2기 10년까지이다. 하지만 덩마오성이 회견에서 논했던 '규정은 있지만 실제 상황에 따라 유연하게 운용한다'라는 발언은 실제로는 규정이 의미가 없다고 말한 것과 같다. 게다가 '칠상팔하'의 불문율까지 사라진다면 시진핑이 2022년 이후에도 총서기에 머무르는 것을 방해할 규정은 없어진다.[+] 제19차 당대회는 '포스트 시진핑'을 노리는 차세대 지도자들의 움직임이 초점이라고 논했다. 하지만 시진핑이 5년 후에 총서기에서 은퇴할 계획이 없고 2022년을 넘어서까지 실권을 계속 장악한다면 이는 단순히 당 내부의 지위 경쟁을 불투명하게 하는 데 그치는 것이 아니라 중국의 장래에도 심대

[+] 2018년 3월 11일 중국 전국인대에서 국가주석 및 국가부주석의 임기가 두 번 연속 회기를 초과하지 못한다는 헌법 조항이 삭제되었다. 이로써 시진핑 국가주석의 임기가 2023년 이후에도 장기 집권하거나 심지어 종신 집권할 수 있는 기반이 마련되었다. _옮긴이

한 영향을 초래할 것이다.

국제정치학자 프랜시스 후쿠야마는 그의 저서 『정치의 기원』에서 강고한 관료 제도에 의해 밑받침되는 중국의 권위주의적인 정치체제는 통치 효율은 높지만 독재적인 정치체제로서의 폐해를 갖고 있다고 지적하면서 이를 '나쁜 황제 문제'라고 표현했다.

> 법의 지배와 정치적 설명의 책임이 없다면 좋은 통치기구는 유지될 수 없다. …… 법의 지배와 정치적 설명 책임은 때로는 최고의 정부가 되는 것을 구속하지만 나쁜 정부가 일탈 행위를 하는 것을 저지할 수도 있다. 그러한 제도와는 대조적으로 중국은 '나쁜 황제 문제'를 해결할 수 없었다.

즉, 위정자가 법의 속박을 받지 않고 정치의 시비를 사회에 물을 책임도 지지 않는 독재체제하에서는 유능하고 강력한 지도자가 선정을 펼치는 동안에는 국가가 번영하고 인민도 행복할지 모르지만, 지도자가 폭주하기 시작하면 이를 저지할 수 없어 국가와 인민 모두 커다란 재난에 직면하게 된다는 것으로, 이는 오래되었으면서도 새로운 문제이다.

중국은 마오쩌둥이 만년에 발동한 문화대혁명으로 그 두려움을 크게 맛보았고, 그 반성에 입각해 집단지도체제를 부활시켰다. 후진타오 지도부하에서 지도자 인사의 제도화·규범화가 추진된 것도 당 내부와 국가 내부의 민주화가 지지부진해 진전되지 않는 가운데 지도자의 권한을 시간으로 구획함으로써 '나쁜 황제 문제', 즉 '인치'의 리스크를 줄이기 위함이었다. 그런데 시진핑이 선례를 깨뜨리고 권력의 자리에 머무르는 것은 선인들이 시행착오 끝에 구축했던 중요한 브레이크가 상실됨을 의미한다.

한편 과거의 당대회에서 지도부 인사가 될 인물을 가장 일찍 맞혀왔던, 미국에 서버를 둔 중화권 매체 밍징신원왕(明鏡新聞網)의 허핀(何頻) 이사장은 "후계자가 결정되면 부하들이 후계자의 눈치를 보느라 권력이 분산될 우려가 있다. 자신이 레임덕에 빠지는 것을 피하기 위해서라도 시진핑은 후계자 지명을 서두르지 않을 것이다"라고 지적한다. 임기 연장을 위해서라기보다 당분간의 권력 장악이라는 정치적인 필요에 따라 성급한 후계자 지명은 피할 것이라는 견해이다. 물론 제19차 당대회에서 후계자가 명확해지지 않는다고 해서 시진핑이 3기째 유임하는 것이 결정되는 것은 아니다. 하지만 시진핑의 5년 후 거취가 애매해지면 당내 정치의 불투명성이 높아질 것이며 지도자 인사의 규범화라는 면에서 후퇴할 것임은 틀림없다.

페라리 사고와 공청단의 운명

제19차 당대회와 관련한 중국 정치를 분석하기 어려운 이유는 지도자의 정년 문제 때문만이 아니다. 제18차 당대회 이래 중국공산당 내부의 권력 균형에서는 커다란 변화가 관찰되었다. 후진타오 전임 총서기의 측근 중의 측근이던 링지화(令計劃) 전임 당 중앙판공청 주임이 실각한 것을 계기로 중국공산주의청년단(中國共産主義靑年團, 공청단)의 영향력이 저하되었던 것이다.

시작은 2012년 3월, 충칭시 서기였던 보시라이가 해임된 충격이 수그러들지 않고 있을 무렵의 일이었다. 베이징 시내의 간선도로에서 심야에 폭주했던 페라리가 다리에 충돌했다는 정보가 인터넷을 중심으로 유포되었고, 뉴스 사이트에는 크게 파손된 차체가 찍힌 현장 사진도 게재되었다. 관련 뉴스는 곧바로 삭제되었지만, 페라리를 운전한 것이 링지화의 아들 링구(슈谷)이며 동승했던 젊은 여성과 함께 사고로 사망한 것으로 보인다는 정보도 함께 확산되었다. 링지화가 총서기의 신변 경호를 담당하는 중앙경위국을 동원해 사건의 은폐를 도모했다는 당 관계자의 증언이 나오는 한편, 전국의 경찰을 총괄하는 저우융캉과 결탁해 이 사건을 은폐하려 했다는 정보도 날아들었다.

이 사고는 그 이후의 링지화와 저우융캉의 재판 관련 발표에서도 일절 다루어지지 않았으며 진상이 밝혀지지 않고 있다. 다만 총서기의 정무를 뒷받침하는 당 중앙판공청의 일인자로서 막대한 권력을 장악하고 6개월 후의 당대회에서 정치국원으로 승격될 것이 유력시되던 링지화가 이 사고를 계기로 정치적으로 내몰린 것은 사실이다.

당대회가 가까워졌던 그 해 9월 중국공산당은 갑자기 링지화를 당 중앙판공청 주임에서 당 중앙통일전선공작부 부장으로 전임시키는 인사를 발표했다. 좌천이라고 말하지는 않았지만 결국 당대회에서 링지화의 정치국 입성은 미루어졌다. 링지화는 통일전선공작부 부장으로서 두드러진 활약을 보이지 못하고 숨죽이고 있다가 결국 2014년 12월 중대한 규율을 위반한 혐의로 취조를 받고 실각했다. 2016년 5월에 수뢰와 국가기밀 부정 취득 등의 죄로 기소되어 무기징역의 실형을 판결받았는데 심리는 공개되지 않았다. 국가기밀의 내용과 아들의 사고, 링지화의 적발을 전후해 미국으로 도망간 링지화의 동생 링완청(슈完成)의 행방 등 링지화에 대해서는 아직도 수수께끼가 다수 남아 있다.

엘리트의 귀족화

링지화 사건이 무게감을 갖는 것은 링지화가 후진타오나 리커창과 마찬가지로 중국공산당의 간부 육성 조직인 공청단의 중추를 걸어왔던 엘리트이며 공청단으로 연결되는 세력의 차세대를 담당할 인재로 간주되어왔기 때문이다. 1992년에 후진타오가 정치국 상무위원으로 발탁된 이후부터 총서기를 은퇴할 때까지 20년 동안 당 내부에서는 '퇀파이(團派, 공청단파)'라고 불리는 세력이 존재감을 확산시켜왔는데, 퇀파이는 링지화 사건에 의해 커다란 타격을 받았다.

1980년대의 지도자였던 후야오방 전임 총서기가 기반을 구축했던 공청단은 2015년 말 기준 약 8750만 명의 단원을 보유한 거대한 조직이다. 공청단은 전국적으로 퍼져 있는 네트워크를 활용해 우수한 인재를 찾아낸 뒤 중국공산당의 장래를 책임질 간부로 육성하고 이와 동시에 젊은이들의 목소리에 귀를 기울이고 중국공산당과의 가교 역할을 하도록 요구받아왔다.

시진핑은 링지화의 수사와 병행해 공청단의 존재 방식에도 메스를 가했다. 베이징의 외교 소식통에 따르면, 시진핑은 2015년 7월 6~7일에 열린 당 내부의 회의에서 공청단 중앙이 귀족화하고 있다고 지적하면서 권한을 비대화시킨 공청단 간부들의 증가와 태만을 준엄하게 비판했다고 한다. 그리고 공청단 중앙의 예산을 삭감하고 간부의 지위를 낮춰 국장급의 중견 간부가 지방으로 내려가 현장의 실태를 학습하는 등의 개혁 방안을 제출했다고 한다. 공청단파를 쳐내려는 시진핑의 노림수를 권력 투쟁의 관점에서 볼 수도 있는데, 공청단이 귀족화했다는 지적은 과장이 아니라고 필자는 생각한다.

제18차 당대회에서 링지화가 정치국 입성에서 배제된 배경을 파악하기 위해 필자는 링지화의 부인 구리핑(谷麗萍)이 창설하고 실질적으로 운영한 기금회를 취재했다. 입수한 자료에 따르면, 젊은이의 취업 지원을 목적으로 내세우고 있는 해당 기금회의 역대 이사직에는 공청단 중앙의 서기의 이름이 올라가 있으며 협찬 단체에는 중국에서 누구라도 알 만한 유명 기업들의 이름이 나란히 올라가 있었다. 이름도 활동도 거의 알려져 있지 않은 일개 기금회에 거대 기업이 모여드는 이유는 링지화와 공청단의 후광 때문임을 쉽게 알 수 있다.

취재를 계속 거부당한 필자는 2013년 1월 베이징시 한 호텔에서 기금회의 10주년 기념행사가 열린다는 소식을 듣고 빠르게 움직였다. 회의장에 들어가는 것이 허락되지 않아 담당자와 입씨름을 하고 있는데, 두 명의 경호원으로부터 경호를 받는 여성이 눈앞을 빠른 걸음으로 지나갔다. 구리핑일 것이라고 여겨졌는데, 사진 촬영은 물론 말을 거는 타이밍마저 놓쳐버렸다. 그녀의 표정에서도 마음의 움직임을 읽어내지는 못했다. 구리핑은 그 날을 마지막으로 공적인 장소에서 모습을 드러내지 않고 있으며 소식도 두절되었다. 국영 언론이 그녀의 이름을 전한 것은 그로부터 3년 6개월이 지난 후 링지화에게 실형 판결이 내려졌을 때였다. 구리핑의 이름은 링지화의 판결에 반복해서 등장했으며 7600만 위안이 넘는 거액의 수뢰에 깊이 관련되어 있다고 보도되었다.

상하이방의 영향력 저하

공청단 출신의 간부들이 주목받기 시작한 것은 1980년대 개혁개방부터이다. 기존과는 다른 발상과 지식을 지닌 젊은 간부의 등장이 기대되는 가운데 그러한 인재를 공급하는 역할을 공청단이 수행하게 되었다. 후야오방 총서기가 공청단 출신의 간부를 중용한 것은 보수파 원로들의 반발을 초래했고 이는 1987년에 후야오방이 실각한 원인 가운데 하나이기도 했다. 하지만 당 내부 세력으로서의 공청단 인맥이 이로 인해 궤멸되지는 않았다.

1992년 후야오방 총서기의 시대에 공청단의 일인자였던 후진타오는 중앙위원에서 정치국 상무위원으로 승진해 장쩌민 총서기의 후계자로 간주되었다. 후진타오를 발탁한 데에는 덩샤오핑의 강한 의지가 반영되었다고 여겨진다. 어쨌든 이 무렵부터 당 지도부는 장쩌민을 필두로 상하이를 기반으로 하는 간부들로 형성된 상하이방(上海幇)과 후진타오를 중심으로 하는 공청단파로 나뉘었으며, 중국 정치가 양자의 긴장 관계 속에서 전개되고 있다는 견해가 널리 퍼졌다.

그러한 진단이 복잡한 중국공산당의 권력 구도를 독해하는 데 하나의 좌표축이었던 것은 틀림없다. 하지만 그로부터 4반세기가 지나면서 여러 가지 현상을 그 틀에 억지로 집어넣는 것은 한계에 도달한 것처럼 여겨진다. 그 한 가지 이유는 상하이방의 중심에 있던 장쩌민과 쩡칭훙 전임 국가부주석 등의 영향력이 저하되었기 때문이다. 90세를 넘은 장쩌민의 건강 문제도 있지만, 후진타오가 모든 지위를 시진핑에게 물려주고 은퇴해 이른바 섭정의 폐해를 끊어냈기에 당 원로가 정권 운영에 참견하기가 어려워졌다. 또한 시진핑이 반부패를 통해 장쩌민과 관계가 깊은 것으로 여겨졌던 거물 간부들도 용서 없이 숙청한 데다 당 내부에 파벌을 만드는 것을 강하게 경계하고 있는 가운데 장쩌민의 인맥을 계승하는 차세대의 유력자가 등장하지 않고 있는 실정이다.

새로운 좌표축 요구

한편 공청단의 입장에서는 공청단 중앙의 일인자에서 순조롭게 정치국원으로까지 올랐던 후춘화(胡春華) 광둥성 서기를 필두로 제6세대 및 그 다음 세대를 담당할 인재가 배출되고 있다. 제19차 당대회에서 후춘화 외에 리위안차오(李源潮) 국가부주석과 왕양(汪洋) 부총리 등이 정치국 상무위원에 진입한다면 최고지도부에 남을 것으로 여겨지는 리커창과 세력을 합쳐 공청단파가 다수파를 점하고 막강한 세력을 회복할 것이라고 보는 사람도 있다. 그러나 중국공산당의 간부 육성 시스템이 서서히 정비되고 공청단을 경험한 경력을 지닌 인물이 증가하는 가운데, 단지 공청단에 재적했다는 이유로 공청단파로 간주해도 좋은가 하는 의문이 제기되고 있다. 공청단 중앙의 지도부를 경험했던 간부들은 일정한 이해와 귀속의식을 공유하고 있을지도 모르지만, 예를 들면 왕양은 안후이성 공청단의 부서기를 맡았을 뿐이며, 후춘화 등과 밀접한 교류가 있었던 것도 아니다.

필자는 광저우에서 근무하던 2011년 당시 광둥성의 서기였던 왕양을 가까이에서 볼 기회가 있었다. 총서기 후진타오가 당 내부의 저항을 받으면서 제기했던 NGO 규제 완화에 대해 지방의 수장들이 상황을 주시하며 복지부동하는 가운데 오직 한 사람 왕양만이 열심히 NGO 규제 완화에 나섰기에 후진타오가 광둥성을 시찰하고 격려하기도 했다. 두 사람 간에 강한 신뢰 관계가 있음을 느낄 수 있었는데, 그 이유를 단지 왕양이 공청단파라는 데서 유추하는 것은 단편적인 분석에 불과하다. 두 사람은 모두 안후이성(安徽省) 출신이기도 하다. 상하이방뿐만 아니라 모든 중국 정치에는 지연(地緣)이라는 커다란 요소가 작용하고 있다. 필자는 국영 언론의 수장을 맡았던 안후이성 출신의 전임 당 간부로부터 '안후이방(安徽幇)'의 강한 결속에 대해서 구체적인 사례를 통해 가르침을 받았던 적이 있다.

미국 CSIS 수석고문 크리스토퍼 존슨(Christopher Johnson)은 "중국 공산당 지도자의 출신과 배경은 다의적이며, 상하이방과 공청단파 등을 기준으로 삼아 당 내부의 정치를 분석하는 방식은 지나치게 단순하다. 시진핑이 당 내부에 만연한 파벌주의를 반부패로 제거하고자 하는 가운데 기존의 파벌에 기초하는 견해도 더 이상 통용되지 않고 있다"라며, "파벌보다도 시진핑의 개혁이 만들어낸 이익집단에 주목하는 것이 중요하다. 시진핑의 조치로 힘을 상실한 사람들이 있는 한편, 이러한 조치로 생겨난 '승자 그룹'도 있다. 시진핑이 자신의 권력을 확고히 하기 위해 누구에게 이익을 배분하는가를 잘 살펴볼 필요가 있다"라고 지적한다.

출신지와 출신 모체를 공유한다는 동료 의식은 파벌을 만들어내는 밑바탕이기는 하지만, 그것만으로 정치세력으로서의 결속이 유지되지는 않는다. 멤버의 입장과 이익을 지키는 축이 구체적으로 드러나면 파벌로서의 정합성은 갈수록 옅어질 것이다. 후진타오와 리커창은 링지화 사건과 공청단이 맞은 시련에서 출신 모체를 지키는 정치력을

발휘하지 못했거나 발휘할 수 없었는데, 이는 정치세력으로서의 공청
단파가 퇴조하고 있음을 강하게 시사하는 것이었다.

시진핑의 핵심 인맥

중국공산당의 정치가 당분간 시진핑을 축으로 전개될 것임은 틀
림없다. 시진핑이 당의 '핵심'이 된 2016년 6중전회를 전후로 중국공산
당은 각 성 및 자치구의 지도자에 대한 인사를 본격적으로 단행했다.
당대회에서 중앙 지도부를 교체하기 위해 지방의 인사부터 착수하는
것은 기존과 다름없지만, 여기에는 시진핑의 강한 지도력과 의도가 짙
게 반영되어 있다.

상징적인 것이 수도 베이징시의 인사이다. 중국공산당은 저우융
캉과 가까운 관계로 알려진 베이징시 시장 왕안순(王安順)을 퇴임시키
고, 중앙국가안전위원회판공실 부주임 차이치(蔡奇)를 후임으로 발탁
했다. 차이치는 1990년대 푸젠성 당 위원회 상무위원이던 시진핑 아
래에서 일했으며, 2000년대에도 시진핑이 서기로 재직했던 저장성에
서 경력을 쌓았다. 58세까지 지방에서만 활약하며 당 중앙위원도 되지
못했던 차이치가 2014년 시진핑이 공을 들여 만든 새로운 조직인 중앙
국가안전위원회의 사무국(판공청) 수뇌로 중앙에 불려 들어간 것 역시
시진핑 본인의 강한 의지에 따른 것으로 간주되었다.

시진핑은 총서기에 취임한 직후 허베이성의 현서기 시절부터 친
한 친구였던 리잔수를 당 중앙판공실 주임에 지명했다. 이를 시작으로
허베이성, 푸젠성, 저장성, 상하이를 돌며 시진핑 자신이 20여 년 동안

시진핑의 주요 인맥(2017년 3월 기준)

유형		이름	직책
즈장신군 (시진핑이 지방에 재직하던 시기의 동료 및 부하)	당·군	리잔수(栗戰書)	당 중앙판공청 주임
		딩쉐샹(丁薛祥)	당 총서기판공실 주임
		황쿤밍(黃坤明)	당 중앙선전부 부부장
		수궈쩡(舒國增)	당 중앙재경영도소조판공실 부주임
		중사오쥔(鍾紹軍)	당 중앙군사위원회판공청 부주임
	중앙정부	허리펑(何立峰)	국가발전개혁위원회 주임
		양샤오두(楊曉渡)	국무원 감찰부 부장(국가부패예방국 국장)
	지방정부	샤바오룽(夏保龍)	저장성 서기
		리창(李强)	장쑤성 서기
		천민얼(陳敏爾)	구이저우성 서기
		두자하오(杜家毫)	후난성 서기
		천하오(陳豪)	윈난성 서기
		차이치(蔡奇)	베이징시 시장
		잉융(應勇)	상하이시 시장
		천이신(陳一新)	후베이성 부서기(우한시 서기)
테크노크라트형		왕후닝(王滬寧)	당 중앙정책연구실 주임
		류허(劉鶴)	당 중앙재경영도소조판공실 주임
		허이팅(何毅亭)	중앙당교 상무부교장
		리수레이(李書磊)	당 중앙규율검사위원회 부서기
홍이대(혁명 세대 간부의 자제)		왕치산(王岐山)	당 중앙규율검사위원회 서기
		장유샤(張又俠)	당 중앙군사위원회 위원 겸 장비발전부 부장

지방 지도자로 일할 당시 자신을 보좌하고 수행했던 동료와 부하들을 중앙의 요직과 중요한 지방 성시의 수장으로 끌어올렸다. 해외 언론은 시진핑이 저장성에 있을 때 지방 신문에 기고했던 칼럼의 제목 '즈장신어(之江新語)'[즈장은 저장성을 흐르는 첸탕장(錢塘江)의 흐름을 지칭함]를 본따 이러한 그룹을 '즈장신군(之江新軍)'이라 부르기 시작했다.

주요 멤버를 들자면, 리잔수와 차이치 외에 당과 정부에는 딩쉐샹(丁薛祥) 총서기판공실 주임, 황쿤밍(黃坤明) 당 중앙선전부 부부장, 허리

평(何立峰) 국가발전개혁위원회 주임 등이 있고, 지방에는 샤바오룽(夏寶龍) 저장성 서기, 천민얼(陳敏爾) 구이저우성 서기, 리창(李强) 저장성 서기가 있다. 이에 더해 홍이대라고 불리는 왕치산 당 중앙기율검사위원회 서기, 장유샤(張又俠) 당 중앙군사위원회 위원 겸 장비발전부 부장 등의 그룹, 그리고 왕후닝 당 중앙정책연구실 주임과 류허 당 중앙재경영도소조판공실 주임 등 중국공산당이 육성해온 테크노크라트형의 간부가 시진핑을 밑받침하고 있는 중심적인 세력이라고 할 수 있다(각 인물의 직책은 2017년 3월 기준).

그 면면을 보면 시진핑이 직접 능력과 인물 됨됨이를 가려낸 인재들로 정권 운영의 요소를 확고히 하려는 경향을 엿볼 수 있다. 하지만 인재의 공급을 지연과 조직에 의존하는 만큼 세력으로서의 결속력은 결여되어 있다. 홍이대는 혁명 세대인 중국공산당의 핵심 간부들의 아들과 손자들로서 그 수에 한계가 있는 데다 실제로는 정치에 관여하고 있지 않은 인물도 많다. 그들 중 당과 군의 요직에 있는 이는 극히 일부이며, 정치 세력으로서의 규모가 과거의 상하이방이나 공청단파와는 비교도 되지 않는다. 제19차 당대회에서는 시진핑이 의중에 두고 있는 인재를 어느 정도 당과 군의 지도부 또는 지방의 지도자로 배치해 권력 기반을 강화할 것인지도 관심의 대상이다.

천윈과 덩샤오핑 간 대립

제19차 당대회 이후 시진핑의 '핵심'으로서의 권위가 어디까지 높아질까? 절대적인 카리스마를 지닌 지도자로서의 이미지가 강한 덩샤오핑도 실은 정권 운영의 실권을 장악한 이후부터 개혁개방 노선이 정착될 때까지 장기간에 걸쳐 당 내부의 노선 대립에 노정되었다. 문화대혁명의 혼란에 종지부를 찍고 중국이 도약하기 위한 길을 개척한 희대의 지도자라는 평가는 당 내부의 격렬한 저항을 물리치고 승리한 결과로 얻은 것이지, 처음부터 그의 정치적 입장이 그러했던 것은 아니다.

신중국이 수립된 이후 최초의 경제 5개년 계획을 기초하는 등 장기간 중국의 경제정책을 담당해왔던 천윈(陳雲)은 개혁개방 초기에 대담하게 시장 경제의 원리를 도입하고자 했던 덩샤오핑에 대해 "계획 경제가 위주이며 시장 경제는 어디까지나 보완하는 것이다"라는 이른바 '새장 이론'을 내세우며 저항했던 인물이다.

덩샤오핑과 천윈의 노선 대립은 덩샤오핑 아래에서 적극적인 개혁을 추진하고자 했던 자오쯔양 전임 총서기가 실각한 이후 남긴 증언집 『국가의 죄인(國家的囚徒)』(2009)에 상세하게 나와 있다. 자오쯔양은 "당중앙 지도부에는 두 가지의 서로 다른 사고방식이 있었다. …… 즉, 덩샤오핑의 사고방식과 천윈의 사고방식이다. …… 10년 이상에 걸쳐 양자는 일진일퇴의 공방을 계속해왔는데 결국 덩샤오핑의 주장이 승리했고 지지자도 증가했다"라고 기록하고 있다.

그 무렵 덩샤오핑과 천윈의 정책 논쟁에 편승해 이데올로기 대립을 끌어들이고자 하는 덩리췬(鄧力群) 같은 보수 세력도 출현했다. 그들은 시장 개방이 정신의 오염을 초래해 중국공산당의 지배를 위태롭게 한다는 '부르주아 자유화'의 폐해를 제창하며 개혁개방에 저항했다. 민주화를 요구하는 학생과 지식인에 대한 대응이나 인플레 대책을 둘러싸고 지도부 내부의 골이 깊어지는 가운데 1989년의 톈안먼 사건이 일어나자 개혁파가 다시 힘을 얻어 중앙정부가 통제를 강화했다. 또한 1991년에 소련이 붕괴하자 좌파 논객들은 미국 등이 중국의 체제 전복을 꾀하고 있다는 평화적 전복론을 제기하며 개혁개방에 이의를 제기했다.

베이징에서 열세에 처해 있던 덩샤오핑은 1992년 1월부터 2월에 걸쳐 선전과 상하이 등을 돌며 "발전 자체가 가장 중요한 도리"라고 논하며 안정을 중시하는 계획 경제파를 질책했다. 또한 "중국이 억눌러야 하는 주요 상대는 오히려 좌파이다"라며 교조적인 보수파의 이데올로그(이념가)들을 준엄하게 비판했다. 나중에 '남순 강화'라고 불리는 일련의 발언은 경제 침체에 허덕이고 있던 지방 지도자들로부터 뜨거운 지지를 받았으며, 개혁개방은 다시 숨을 쉬게 되었다. 형세를 만회한 덩샤오핑은 그 해 10월에 열린 제14차 당대회에서 개혁개방 노선을 정착시키기 위한 인사를 단행하고 '사회주의 시장경제'라는 중국의 독자적인 경제 노선을 제기해 천원 등이 근거로 삼아왔던 옛 소련의 경제정책과 결별했다.

1강 시대의 위험

그로부터 약 4반세기가 흐르면서 기복이 많긴 했지만 중국공산당과 중국은 대체로 덩샤오핑이 깔아놓은 레일 위를 걸어왔다고 할 수 있다.

그러나 '세계의 공장'이라는 경제 모델로부터의 탈각과 전환, 자원과 환경의 제약, 다양해지는 인민의 생활과 가치관, 그리고 매우 혼란한 국제정세를 겪는 가운데 중국은 이제까지의 경험칙이 통용되지 않는 국면에 다시 들어서고 있다. 나아가야 할 길을 더듬으며 열어나가는 어려움은 개혁개방이 시작되었던 시대와 비교해보면 더하지도 덜하지도 않다. 경제 운영, 영토와 해양 문제, 점차 불투명해지는 대미 관계와 북한 정세 등 중국공산당의 과제는 산적해 있다. 반부패에 대한 준엄한 숙청과 대담한 구조 조정을 수반한 군 개혁 등이 당과 군 내부에 불만과 반발의 씨앗을 심은 측면도 무시할 수 없다.

그러한 가운데에서 중국공산당은 시진핑 아래에서 결속하면서 이 어려운 시대를 헤쳐 나아가는 자세를 보이고 있지만, 언론과 이데올로기에 대한 단속을 강화하는 것은 건전한 의논과 비판까지 봉쇄해 정책의 폭이 좁아질 리스크를 안고 있다. 또한 시진핑에 대항할 수 있는 라이벌이 존재하지 않는 상황은 유력한 지도자 간의 줄다리기 속에서 노선이 굳어져온 중국 정치의 역동성이 상실될 가능성도 시사하고 있다.

시진핑은 중국이 걸어온 길에 대한 자신감을 즐겨 말한다. 하지만 덩샤오핑 시대에도 중국은 사전에 의도한 하나의 길만 걸어왔던 것은 아니다. 천원의 저항이 없었다면 중국이 지금처럼 강하고 풍요로워지지 못했을 것이다. 거꾸로 후야오방과 자오쯔양이 실각하지 않았다면 사람들이 더욱 행복해졌을 것이라고 단언할 수도 없다. 중국에는 투명성 높은 민주적인 정책결정의 프로세스가 결여되어 있기 때문에 정책 논쟁이 종종 권력 투쟁으로 변질되어온 폐해는 크지만, 중국공산당은 다양한 주장의 상호 대립과 그 진폭 가운데서 나아가야 할 방향성을 찾아내왔으며 그러한 깊고 넓은 품 자체에 이 정권의 강인함이 있었다고 볼 수 있다.

중국공산당은 2016년의 6중전회에서 시진핑이라는 '핵심'에 대한 충성을 요구함과 동시에, 집단지도체제의 견지와 당내 민주를 원칙으로 내세웠다. 권력의 집중과 분산, 권위주의와 민주주의 사이에서 최선의 균형을 어떻게 탐색해 나아갈 것인지가 시진핑 1강 시대의 커다란 과제가 되고 있다.

닫는 글.
아직
이루어지지
않은 꿈

중국 - 타이완 정상회담

2015년 11월 7일 싱가포르에서 시진핑과 타이완의 마잉주 총통이 정상회담을 가졌다. 중국과 타이완의 최고지도자가 회담한 것은 1949년 중국과 타이완이 분단된 이후 처음 있는 일이다. 역사적인 순간을 전하고자 전 세계로부터 600명이 넘는 취재진이 몰려들었다. 회담장인 호텔의 로비를 메운 기자와 카메라맨들은 철저한 보안 검사를 받은 후 양 수뇌가 악수하는 장면을 취재하기 위해 회담장으로 질주했다. 계단 형태의 기자석은 입추의 여지가 없었으며, 뒤쪽의 기자들이 가장 앞줄의 TV 카메라맨에게 방해가 된다며 머리를 좀 더 숙여달라고 한목소리로 항의하는 등 회담장은 열기로 후끈 달아올랐다.

예정된 시각이 다가옴에 따라 회담장의 웅성거리는 소리가 잦아들 무렵, 기자석에서 보았을 때 오른쪽에서 시진핑이, 왼쪽에서 마잉주가 각자 걸어 들어와 무대 중앙에서 굳은 표정으로 악수했다. 카메라의 불빛이 격렬하게 터지는 가운데 시진핑과 마잉주는 1분여 동안 카메라맨들의 요청에 부응하려는 듯 웃는 모습을 선보였다. 회담을 하러 가는 두 정상의 모습이 무대 옆으로 사라진 순간 회담장에는 '우와'라는 커다란 함성이 울렸는데, 이는 중국 - 타이완 관계사의 한 획을 긋는 현장을 지켜본 산증인이 된 기자들이 느낀 감개무량함을 대변해주었다.

중국공산당과 국민당이 중국의 지배를 놓고 서로 다투었던 내전은 1949년 장제스(蔣介石)가 이끄는 국민당이 타이완으로 도주함으로써 종결되었다. 그 이래 중국 본토에는 중국공산당의 중화인민공화국이, 타이완섬에는 국민당의 중화민국이 나란히 세워진 상태가 계속되면서 양자는 서로를 국가로서 인정하지 않은 채 대립을 계속해왔다. 쌍방의 최고지도자가 얼굴을 마주하는 것은 상대의 존재를 인정하는 것으로 연결되기 때문에 장기간 터부시되어왔다.

그랬던 만큼 개최 4일 전 한밤중에 돌연 발표된 이 회담은 중국과 타이완은 물론 전 세계의 사람들을 깜짝 놀라게 했다. 회담이 성사된 배경에는 2008년부터 대중 융화 노선을 제기해온 마잉주가 이듬해의 퇴임을 앞두고 정치적 유산을 만들어 그 노선을 계승시키려는 의도가 작용한 것이 틀림없다. 시진핑 또한 회담의 실현에 강한 의욕을 보였으며 이를 위해 커다란 정치적 판단을 내렸다는 것을 필자는 나중에 알게 되었다.

지도자로서의 시진핑의 자신감

비공개로 행해진 시진핑과 마잉주의 회담에 동석한 것은 중국과

악수하는 시진핑과 마잉주(2015년 11월)

타이완 각각의 측근 6명씩뿐이었다. 다음은 그중 두 명으로부터 이야기를 들은 타이완 기업의 한 간부의 증언을 토대로 회담 경위를 작성한 것이다.

정상회담을 위한 준비는 그 해 10월 중국 국무원의 타이완사무판공실과 타이완 행정원의 대륙위원회 최고책임자가 광저우에서 회담을 가졌을 때 중국 측이 "시진핑 주석의 해외 순방에 부합하는 형태로 진행된다면 정상회담도 가능하다"라는 의향을 보임으로써 가시화되었다. 1년 전 베이징 APEC 정상회담 때에도 양 정상 간의 회담 가능성을 탐색했던 타이완 측은 곧바로 준비에 착수했다. 쌍방은 시진핑과 마잉주가 서로의 직책은 부르지 않고 '선생'이라고 서로 부르는 데 합의했다. 서로가 어떤 입장에서 회담에 임할지를 일부러 애매하게 설정으로써 정치적 입장의 간극을 초월하고자 했던 것이다.

　　그러나 조정 막바지에 어려운 문제가 부각되었다. 타이완 측이 "아무래도 총통이 발언하는 중에 중화민국에 대해 언급하지 않는다면 여론을 억누를 수 없다"라고 요구했던 것이다. 마잉주가 중화민국의 최고책임자이기도 하다는 점을 어떤 형태로든 드러내지 않으면 중국에 넙죽 엎드린 '굴욕 외교'라고 비판받게 되므로 화근을 남길 수밖에 없다는 우려였다. 중화인민공화국의 최고지도자가 '중화민국'을 인정하는 것은 중국-타이완의 정치적 논리에서는 있을 수 없는 일이었다. 중국 국무원 타이완사무판공실은 분개했고 조정은 파탄이 나버렸다. 국면을 타개한 것은 시진핑의 한 마디 말이었다. "이 회담은 상대를 곤혹스럽게 만들기 위해 하는 것이 아니다." 시진핑은 타이완 측의 요구를 받아들이도록 지시함으로써 교섭의 최대 장애물이 제거되었고 회담 진행은 급물살을 탔다.

　　실제로 마잉주는 정상회담을 하는 도중에 중화민국에 대해 언급했다. 그 순간 동석했던 사람들은 숨이 멎는 듯했다는데, 시진핑은 조금의 표정 변화도 없이 계속 들었다고 한다. 타이완 문제에서 원칙적인 입장을 취하는 중국공산당의 간부들은 타이완 측이 밝힌 마잉주의 발언을 듣고 매우 놀랐을 것임에 틀림없다. 하지만 중국에서는 회담의 역사적인 의의를 강조하는 내용만 보도되었을 뿐, 비판적인 목소리는 들리지 않았다.

　　시진핑이 중국공산당 정권에서 가장 미묘한 정치 과제인 타이완 문제에 대해 역사적인 양보라 할 수 있는 결단을 내린 데서 필자는 2012년 이래 시진핑이 최고지도자로서 구축해온 자신감과 더불어 타이완 문제에 대해 갖는 부담감을 간파하고 이에 주목했다.

시진핑은 32살 때부터 17년 동안 푸젠성(福建省)에서 경력을 쌓았다. 중국-타이완 교류의 최전선인 푸젠성 샤먼시(廈門市)의 부시장도 역임했으며, 타이완의 실업가나 학자와의 교류를 통해 타이완 사정에도 정통했다.

그러한 그가 중국공산당 정권의 숙원사업인 중국-타이완의 통일을 강하게 의식하고 있다는 데에는 의심의 여지가 없다. 시진핑은 마잉주와 가진 회담의 모두에서 "중화민족의 위대한 부흥을 함께 지향하며 민족 부흥의 영예를 함께하자"라고 호소했다. 이 발언을 통해 시진핑은 마잉주와의 회담을 자신이 내세운 '중국의 꿈'을 향한 커다란 이정표로 규정하고자 했음을 알 수 있다.

대중 융화 노선에 대한 타이완 유권자의 심판

그런데 중국공산당과 국민당 사이에 추진되던 중국-타이완 간 정치적 접근은 그로부터 겨우 2개월 후 큰 좌절을 맞았다. 2016년 1월에 실시된 타이완 총통선거에서 마잉주의 후계자로 나선 주리룬(朱立倫) 국민당 주석이 야당 민진당(民進黨)의 차이잉원에게 큰 격차로 패배했던 것이다. 국민당은 같은 날에 투표·개표된 입법원(의회)선거에서도 기존 의석을 절반 가까이 잃는 괴멸적인 패배를 맛보았다.

그 이유로는 중국과의 경제 교류에 따른 혜택이 일부 기업에만 돌아갔을 뿐 타이완 전체의 발전으로 이어지지 않은 점, 민주화가 진전된 타이완에서 자라난 세대를 중심으로 '타이완은 어디까지나 타이완이다'라는 의식이 확산되어 미래의 통일에 대해 현실성을 느끼지 못하는 사람이 주류가 되고 있는 점 등이 지적되었다. 어쨌든 이 선거 결과는 마잉주 정권이 추진해온 대중(對中) 융화 노선에 타이완의 유권자들이 강력하게 반대의사를 표시한 것이라 할 수 있다.

　실제로 마잉주의 정치에 타이완의 유권자가 등을 돌리는 현상은 그 1년 전부터 감지되었다. 2014년 11월의 통일 지방선거에서 국민당은 타이베이시(臺北市)를 포함한 주요 도시의 시장선거에서 연거푸 떨어지는 등 압도적으로 패배했던 것이다. 그 결과가 중국에 준 충격은 컸다. 통일 지방선거가 끝난 지 얼마 되지 않았을 무렵 보고를 겸해 베이징을 방문한 국민당의 방문단에게 중국 측의 담당자들은 "무엇이 패인입니까?"라고 질문을 퍼부었다는 이야기를 타이완 문제의 전문가로부터 전해듣기도 했다.

민주주의에 대한 홍콩인들의 자부심

　중국이 풍요롭고 강해질수록 중국과 일체화되는 것에 대한 거부 반응이 심해진다는 역설적인 현상은 홍콩에도 나타났다. 필자는 홍콩이 영국에서 중국으로 반환된 지 10주년이던 2007년을 전후해 2년 반 동안 홍콩에 특파원으로 주재했다. 그 무렵부터 홍콩의 번화가는 언제나 중국 본토의 관광객으로 넘쳐났고 중국의 대기업이 홍콩의 주식시장에 속속 상장했으며 학교에서는 표준 중국어(보통화) 교육이 확대되었다. 하지만 홍콩에서 중국화가 추진되는 데 주목하는 사람은 별로 없었다.

　그러나 2014년 가을, 선거 제도의 민주화를 인정하지 않으려는 중국공산당 정권에 반발한 학생들이 79일에 걸쳐 홍콩의 중심가를 점거하는 우산혁명이 일어났다. 홍콩의 젊은이들은 그동안 홍콩의 민주화 운동을 이끌어온 의원들보다 더 적극적인 기세로 항의 집회의 선두에 서서 중국공산당 정권에 저항했는데 이러한 광경을 필자는 베이징에서 눈이 휘둥그레지며 살펴보았다. 무엇이 그들을 거기까지 나아가도록 만들었을까? 필자가 있던 시기의 홍콩 분위기와는 차이가 나서 잘 이해되지 않았는데, 홍콩에 들어가 학생들의 목소리를 듣고 돌아오자 그들의 생각을 어느 정도 파악할 수 있었다. 그들을 일어나게 만든 것은 민주화의 문제와 더불어 '우리는 누구인가, 홍콩은 무엇인가?'라는 질문이었다.

예를 들면 길 위의 텐트에서 숙박했던 한 고등학교 3학년 남학생에게 시위를 계속하는 이유를 묻자, 그는 홍콩 교외에 있는 자신의 집 부근의 광경에 대해 말하기 시작했다. 그는 수년 전 가까운 상점가가 재개발된 후 중국 본토에서 대형 관광버스가 속속 들어왔으며 어렸을 무렵 부모의 손에 이끌려 물건을 사러 갔던 장난감 가게와 서점은 모두 보석가게로 바뀌어 해당 지역의 사람들은 모여들지 않는 장소가 되어버렸다고 억울하다는 듯 말했다. 이는 시위대가 내세웠던 민주의 슬로건과는 관계없는 듯한 말이지만, 그가 말한 '고향의 상실'은 홍콩의 홍콩다움이 상실되고 있다는 정체성의 문제로 연결되었다.

홍콩 사람들은 '민주'라는 가치관은 홍콩이 홍콩답기 위한 중요한 기반이며 자신들에게 민주화 요구는 홍콩이 홍콩으로 계속 존재하기 위한 투쟁이라는 점에 주목하게 되었다. 필자가 젊은이들로부터 느낀 것은 홍콩이 거대한 중국에 잠식되어가는 데 대한 이루 말할 수 없는 두려움이었으며, 이를 다만 침묵하며 받아들이고 싶지 않다는 고집 같은 것이었다.

힘에 의존하는 중국의 민족 정책

타이완과 홍콩이 보여준 이러한 반응에 베이징 사람들은 곤혹해하고 분노했다. "중국을 노하게 하고서도 타이완의 경제가 제대로 돌아갈 것이라고 생각하는가?", "홍콩이 국제금융센터가 된 것이 다 누구 덕인가?" 이러한 목소리가 학자와 언론인들 사이에서도 자주 들렸다. '조국'과 함께 강하고 풍요로워지자고 손을 내밀고 있는데 왜 이를 거부하는 것인지 많은 사람들이 이해하지 못하는 것처럼 보였다.

중국 본토의 사람들은 소수민족 문제를 둘러싼 논의에서도 이와 같은 인식을 줄곧 갖고 있었다. 티베트족이나 위구르족과 심각한 민족 대립이 일어날 때마다 한족은 "그들을 봉건사회에서 구해내고 마을에 도로를 개통시키고 아이들을 학교에 다니도록 만든 것은 우리들 아니었는가?"라고 말하곤 했다. 민주화를 요구하는 지식인들마저 "소수민족은 한 자녀 정책과 대학 입시에서 우대를 받아왔는데도 도대체 무엇이 불만인가?"라고 분노하는 것을 듣고 놀랐던 적도 있다.

2012년 3월 열린 전국인대에서 필자는 신장(新疆) 위구르자치구의 회의를 취재했는데 그 자리에서 질문할 기회를 얻었다. 2009년 자치구의 구도(區都) 우루무치에서 위구르족과 한족 주민 간 대규모 충돌이 발생해 많은 사상자가 나온 이후 위구르족의 집회, 언론, 종교적 습속 등에 대한 단속이 강화되었고 이에 반발해 무장그룹이 경찰서 등을 습격하는 사건이 빈발하기 시작했다.

필자는 정면에 앉아 있던 자치구 최고책임자 장춘셴(張春賢) 서기에게 "이 질문은 부디 서기께서 대답해주었으면 한다"라고 말하면서 "자치구가 발전을 계속하고 있는 것은 우리도 인정한다. 하지만 외국에는 '사람은 빵만으로 살 수 없다'라는 말이 있다. 현재의 민족 정책에는 위구르족의 문화와 자존심 등에 대한 배려가 결여되어 있는 것 아닌가?"라고 질문했다.

그 순간의 어색한 분위기를 필자는 확실히 기억하고 있다. 학교 체육관 규모 정도의 회담장이 쥐죽은 듯 조용해지는 가운데 장춘셴은 표정 하나 바꾸지 않고 "담당 주임이 대답해주기 바란다"라고 말하며 받아넘겼고, 질문을 떠맡게 된 해당 주임은 "외국의 기자는 아무것도 모르고 있는 것 같다"라고 말하며 해당 지역 주민의 생활이 얼마나 좋아졌는지를 경제 지표를 통해 득의양양하게 소개하기 시작했다.

새로운 대국은 세계를 향해 무엇을 보여줄 것인가

오해가 없도록 하기 위해 첨언하자면 필자는 민족 문제와 중국 – 타이완 문제에 대해 특정한 입장을 갖고 있는 사람은 아니다. 민족과 국가의 존재 양식을 탐구하는 것은 당사자들이며, 그곳에 살고 있는 사람들의 생활과 생각, 역사와 문화를 충분히 이해하지 못하는 외국인이 이와 관련해 언급할 때에는 신중해야 한다고 생각한다. 하지만 위구르족과 티베트족의 저항이 격렬한 폭력을 수반하고 불신이 불신을 낳고 증오가 증오를 초래하는 악순환이 거듭되는 것을 눈으로 직접 목격하면서 필자가 느낀 것은 문제의 근원은 부와 힘에 의존하는 정권

측의 오만함이라는 것이었다. 그리고 필자는 앞으로 그러한 상황이 심화될 경우 중국과 세계가 직면할 일들이 우려되었다.

시진핑이 지향하는 '중국의 꿈'이 중국이 세계로부터 그 힘에 걸맞은 존중을 받고 국제사회를 이끄는 데 있다면 경제와 군사 면에서의 실력과는 별개로 다른 나라 사람들에게 선호되고 수용되는 사회 존재양식과 인간 생활 방식을 현시할 필요가 있다. 세계가 대국에서 위대함을 찾아내는 것은 경제나 군대가 강하기 때문이 아니다.

후진타오는 총서기에서 은퇴한 2012년 당대회에서 중국이 걸어온 길과 이론, 그리고 제도에 대해 세 가지의 '자신감'을 말했다. 시진핑은 이에 더해 '문화에 대한 자신감'을 제창했는데, 이는 세계에 침투하는 소프트 파워를 만들어내지 못하면 진정한 대국이라고 할 수 없다는 문제의식의 발로이기도 할 것이다.

역사적으로 보면 중국은 위대한 문명 대국이며 많은 문화와 가치관을 만들어내왔음은 틀림없다. 왕치산은 프랜시스 후쿠야마와의 회담에서 "중국 문화에는 우수한 DNA가 있다"라면서 그 역사와 전통에 대한 자부심을 드러냈다. 하지만 중국 문명의 유전자에는 다양한 문화와 민족이 섞여 있으며 그러한 문명은 제자백가(諸子百家)라고 일컬어졌던 사상가들이 자신들의 주장을 내세우며 경쟁했던 사회의 다양성과 관용 가운데 육성된 것 아닐까? 사람들의 목소리와 생각을 억누르고 동일한 방향으로 이끄는 정치로는 국경을 초월해 사람들에게 받아들여지는 소프트파워를 만들어낼 수 없다. 인민폐 외에 어떤 가치를 세계에 보여줄 것인가? 타이완과 홍콩, 그리고 소수민족의 항의는 중국이 향후 직면할 무거운 과제를 반영하고 있다.

거대하고 묵직한 중국의 시계추

2016년 5월 필자는 베이징 특파원으로서의 이임을 앞두고 푸창골목(富强胡同)에 위치한 자오쯔양의 자택을 방문했다. 자오쯔양의 장녀 왕옌난(王雁南)에게 인사를 하기 위해서였다. 그녀는 다섯 명의 자녀 중 부친과 함께한 시간이 가장 길었고 부친으로부터 많은 가르침을 받았지만 정치에는 관여하지 않은 채 골동품 등을 취급하는 회사를 운영해왔다. 지금은 그 사업도 후진에게 물려주고 손주를 돌보면서 조용히 노후를 보내고 있다.

이제까지는 필자와 만난 자리에서 필자가 의중을 떠보더라도 정치에 대해서는 아무것도 말하려 하지 않았지만 마지막으로 중국공산당과 중국의 현재와 미래에 대해 질문하자 이렇게 대답해주었다.

"부친도 그러셨지만, 장기간 중국공산당은 인민의 배를 채우는 것만 생각해왔다. 결국 이제까지 줄곧 그러했던 것이다. 최근에는 자유와 민주주의 등을 생각할 여유도 생겼지만, 모두 들어봐야 익숙하지 않은 것들뿐이다. 중국은 이렇게나 많은 인구가 집중된 권력 아래에서 시장경제를 영위하는 한편으로 사회주의를 지향하는, 세계사에서 선례가 없는 일을 하고 있다. 앞으로 어떻게 될 것인지는 그 누구도 알 수 없으며, 아마도 현재 살고 있는 우리들 세대에서는 답을 낼 수 없을 것이다."

그녀의 이 말은 부친을 통해 중국 정치의 심연을 엿보아온 끝에 도달한 달관의 경지이기도 했고 중국은 도대체 어떻게 될 것인지 서둘러 결론을 내려는 필자를 깨우치는 말이기도 했다.

덩샤오핑은 1992년의 남순강화에서 개혁개방 노선이 "100년은 유지되지 않으면 안 된다"라고 강조하면서 중국이 지향하는 바에 도달하기 위해 "우리는 수세대, 십수세대, 또는 수십 세대 이후까지 주의를 기울여 노력을 계속하지 않으면 안 된다"라고 말했다. 덩샤오핑와 왕엔난의 말을 관통하고 있는 중국인의 유원한 시간 감각 앞에서 필자는 스스로 얄팍한 잣대로 중국을 이해하려 했음을 느끼고 숙연해졌다.

필자의 눈에 비치는 중국은 강하고 기세가 가득한 동시에 취약하고 위태롭기도 했다. 풍요한 생활을 즐기는 세련된 사람들이 있는 한편, 빈곤과 불공정함에 고통받는 사람들도 있었다. 이만큼 거대하고 다의적인 국가도 없다. 생활방식도 사고방식도 서로 다른 13억 명의 사람들을 이끌기 위해 중국공산당은 오른쪽으로 흔들리고 왼쪽으로 경도되면서 이제까지 존속해왔다. 그 역사를 돌이켜볼 때 중국은 다른 국가들과 완전히 다른 속도로 움직이는 커다란 시계추 같다는 생각도 든다.

100년의 꿈은 누구의 꿈인가

일본과 구미 열강에 의한 침략, 그리고 국민당과의 내전에서 맛보았던 굴욕과 고난을 다시 반복하지 않겠다는 것은 정치적 입장이나 빈부의 격차와 관계없이 중국인들이 공통적으로 가지고 있는 생각이다. 정치와 사회에 대한 불안과 불만은 적지 않지만, 개혁개방의 결과로 생계가 해결되고 사치도 할 수 있게 된 지금의 생활을 중시하는 경향도 강하다. 개인으로서의 자유와 권리, 존엄을 바라는 마음은 사라지지 않고 있지만 이는 중국이 걸어온 길의 덤으로 탐구될 뿐 현상을 위태롭게 하려는 것은 아니라는 의식이 확대되는 것도 필자는 느껴왔다. 중국이 공중 분해하는 일 없이 더 나은 방향으로 전진하는 것이 오늘날 중국에서 살고 있는 사람들의 공통된 바람이라고 한다면, 이를 위한 최적의 개혁 속도는 어느 정도인지가 중요해진다.

시진핑은 "우리는 강 밑의 돌을 탐색하면서 신중하게 강을 건너지 않으면 안 된다"라는 말을 자주 한다. 2014년 2월 러시아 방문을 앞두고 러시아 언론과 진행한 인터뷰에서는 "중국의 개혁은 시작한 지 30년이 지났으며 깊고 위험한 수역에 들어가고 있다. 모두가 좋아하는 개혁은 거의 진행했으며 부드러운 살점은 이제 전부 먹었다. 남은 것은 으깨어 먹기 힘든 딱딱한 뼈뿐이다"라면서, "그렇다고는 해도 우리는 마음가짐을 강하게 가져야 하며 전진하지 않는 오류를 범해서는 안 된다"라고 말했다. 이는 시진핑 지도부에게 국가의 리더가 무언가를 모색하고 있음을 보여주는 것이자, 표면적인 자신감 내면에 깊은 위기감이 도사리고 있음을 토로한 것이기도 하다.

중국과 세계는 시진핑의 뛰어난 수완을 휘둥그렇게 보고 있는데, 그 정책의 대다수는 중국공산당 정권이 형성해온 커다란 흐름을 벗어나지 않는다. 마오쩌둥의 시대도 덩샤오핑의 시대도 모두 중국공산당의 역사라며 긍정하는 시진핑은 그 거대한 시계추가 새겨온 긴 시간을 의식하고 있으며 그 흐름 속에서 자신의 일이 평가받을 것임을 깊이 자각하고 있는 것처럼 보인다.

'중국의 꿈'이라는 말은 그러한 시진핑의 사명감을 응축한 슬로건이지만, 앞으로는 그것이 도대체 누구의 꿈인지를 준엄하게 질문하지 않으면 안 될 것이다. 13억 명의 꿈이 아니라 중국공산당 정권의, 혹은 시진핑 자신의 꿈에 불과하다면 이처럼 위험한 말도 없다. 중국의 행방에 영향을 받을 수밖에 없는 우리는 그들이 지향하는 '100년의 꿈'이 어떠한 상을 맺고 있는지를 예단과 편견 없이 예의주시할 필요가 있다.

후기

　필자가 특파원으로 중국에 두 번째로 부임한 것은 2011년 3월 말이었다. 당시 일본은 동일본 대지진으로 인해 크게 동요하고 있었다. 비행기의 창문으로 도착 예정지인 광저우의 야경을 바라보았을 때의 놀라움은 지금도 잊히지 않는다. 늘어선 고층 빌딩은 물론이고 주장(珠江)에 걸쳐 있는 다리에까지 눈부시게 조명이 켜져 있어 거리 전체가 온통 채색된 듯 현란한 불빛으로 가득했다. 계획 정전 등으로 어둑어둑한 도쿄의 밤을 떠올리니 중일 양국이 맞이하고 있는 국면의 차이에 할 말을 잃었다. 그 뒤 베이징으로 이동해 중국을 떠날 때까지의 5년 남짓은 중국에도 세계에도 격동의 시기였다. 잇달아 닥치는 사안이 매우 중대했고 진행 속도도 너무 빨라 필자는 목전의 뉴스를 작성했다가 버리고 다시 작성했다가 버리는 일로 정신이 없었다.

　이 책에서도 언급했듯 중일 관계가 뒤틀려 양국 국민이 서로 으르렁대는 악순환이 심화될 때에는 내가 전해야 하는 바를 파악할 수 없었을 뿐만 아니라 전하고자 하는 것을 전하는 기술과 담력이 없음을 통감하기도 했다. 어려웠던 것은 중일 관계에 한정되지 않았다. '중국은', '중국인은'이라고 쓰자마자 무언가가 스르륵 수중에서 빠져나가는 듯한 초조감을 필자는 항상 안고 있었다. 애당초 생활도 꿈도 불안도 언어와 신앙도 서로 다른 중국의 13억 명을 하나의 주어로 억지로 밀어넣는 것이 가능할 리 없다. 실로 중국이라는 국가는 전율할 정도의 기세로 변화를 계속하고 있다. 어제까지만 해도 너무나도 확실했던 일이 내일은 완전히 다른 일이 되어버리기도 한다. 그러한 중국에 대해 쓰는 것은 매년 더욱 어려워지고 두려워지고 있다.

베이징에서의 근무를 마친 필자는 취재의 최전선을 떠나 미국으로 자리를 옮겼고 약 1년 동안 스스로와 격투를 벌여왔던 중국이라는 국가를 태평양 건너에서 관찰할 수 있는 기회를 얻었다. 이는 작은 조각 상태에 머물러 있던 이제까지의 업무를 한 차례 정리할 수 있는 절호의 기회이기도 했다. 그러한 행운 속에서도 등을 짓누르는 듯한 압박감을 느끼면서 이제까지 필자가 보고 듣고 느껴온 것을 정리해보고자 했다.

특파원의 업무는 좋게 말하면 폭넓고 모든 것을 망라하지만 나쁘게 말하면 잡다해서 임시변통이 되기 십상이다. 중국을 더욱 정확하게 전하고자 한다면 특정 영역에 한해 주제를 정교하게 축적해가는 것이 성실한 태도라고 할 수 있다. 그럼에도 이번에 굳이 '시진핑의 중국'이라는 커다란 주제를 선정한 것은 역사적인 전환점으로 평가될지도 모르는 이 시대의 분위기를 광각의 단면에서 기록해두는 것도 현장에 있었던 기자의 역할이라고 생각했기 때문이다. 중국을 알고 싶은 사람들에게 이 책이 중국이라는 국가의 윤곽을 파악하고 앞으로의 움직임을 이해하는 데 하나의 길잡이가 될 수 있다면 필자로서는 더할 나위 없이 기쁠 것이다.

엄준한 정치 상황하에서 위험을 무릅쓰고 외국인 기자를 만나주고 인내심을 갖고 중국에 대해 가르쳐준 여러 중국 사람들의 따뜻함과 강인함에 필자는 얼마나 격려를 받았는지 모른다. 정치와 역사의 간극을 초월해 생활하고 있는 훌륭한 중국 사람들이 중국이라는 국가의 최대 매력이라는 생각은 26년 전 필자가 처음으로 중국 땅을 밟았을 때부터 지금까지 변함이 없다.

또한 과다한 업무하에서도 취재와 지면 작성을 함께 해준 아사히신문사의 선배와 동료, 특히 중국총국의 사카지리 노부요시, 후루야 고이치 두 총국장, 요시오카 게이코, 미네무라 겐지, 오쿠데라 아쓰시, 사이토 노리히코, 구라시게 나나에, 니시무라 다이스케 등 여러 기자와 현지 스태프 등이 힘을 보태주지 않았다면 하루도 일을 해낼 수 없었을 것이다. 나아갈 방향을 상실했을 때에는 ≪시나노마이니치신문≫에서 말단 사원으로 일하던 필자에게 기자가 하는 일의 의미와 엄격함을 가르쳐준 고 호리 미키오 씨를 회상했다.

마지막으로, 보지도 알지도 못하던 이국땅으로 건너와 반일 시위와 미세먼지 등의 스트레스를 견뎌내면서 인내심을 갖고 필자를 뒷받침해준 아내와 두 명의 아이, 그리고 그러한 우리들을 걱정하면서도 따뜻한 마음으로 지켜봐준 친가 및 외가의 양친과 형제들에게도 깊은 감사의 말을 전하고 싶다.

중국공산당 및 시진핑과 관련된 연표

연도	주요 사항
1840	아편전쟁(~1842)
1894	청일전쟁(~1895)
1912	중화민국 수립. 청조 멸망
1921	천두수(陳獨秀), 마오쩌둥(毛澤東)이 중국공산당 결성
1927	제1차 국공내전(중국국민당과 중국공산당의 내전)(~1937)
1931	만주사변. 중국공산당이 루이진에서 중화소비에트공화국 수립을 선언
1934	중국공산당이 루이진을 포기, 장정 개시(~1936)
1937	루거우차오 사건 발생. 중일전쟁 발발(~1945)
1943	미국, 영국, 중국 3개국 정상이 카이로 선언 발표
1945	일본이 포츠담선언을 수락해 무조건 항복을 선언. 마오쩌둥이 중국공산당 중앙위원회 주석(당 주석)으로 취임
1946	제2차 국공내전
1949	마오쩌둥이 중화인민공화국 수립을 선언. 중국국민당 정부는 타이완으로 도주
1953	시진핑 탄생
1958	대약진 정책 시작(~1961)
1966	문화대혁명 시작(~1976)
1969	시진핑이 '상산하향(上山下鄕)'으로 산시성 량자허촌으로 내려감(~1975)
1972	미국 닉슨 대통령이 전격적으로 중국을 방문. 중일 국교 정상화
1976	마오쩌둥 사망
1977	덩샤오핑이 당 부주석 등의 직책에 복귀, 마오쩌둥 노선과의 결별을 추진
1978	개혁개방 정책으로 노선 전환
1979	미중 국교 정상화
1982	개혁파 후야오방이 당 최고위 지위로 부활한 당 총서기에 취임
1985	시진핑이 허베이성의 현 서기로 미국 머스커틴에서 홈스테이를 함
1987	후야오방이 보수파 당 원로의 비판을 받아 실각. 자오쯔양이 당 총서기에 취임
1989	톈안먼 사건으로 자오쯔양 실각. 장쩌민이 당 총서기에 취임
1992	덩샤오핑이 남순강화를 실시하고 개혁개방 노선을 다시 가속화함

연도	주요 사항
1997	덩샤오핑 사망. 홍콩 반환
2002	후진타오가 당 총서기에 취임. 장쩌민은 중앙군사위원회 주석으로 유임
2004	장쩌민이 중앙군사위원회 주석에서 퇴임
2007	시진핑이 리커창과 함께 정치국 상무위원에 취임
2008	시진핑이 국가부주석에 취임. 쓰촨 대지진 발발. 베이징올림픽 개최
2009	중국이 유엔에 구단선(九段線) 안쪽의 관할권을 주장하는 자료를 제출
2010	센카쿠열도(댜오위다오) 앞바다에서 어선 충돌 사건 발생. 중국이 GDP에서 일본을 제치고 세계 제2위가 됨. 류샤오보(劉曉波)가 노벨 평화상을 수상
2011	원저우 고속철도 탈선 사고 발생
2012	미세먼지가 사회 문제로 대두됨. 보시라이(薄熙來) 사건 발발. 시진핑이 미국을 방문. 스카버러암초 사건 발발. 일본 정부가 센카쿠열도를 국유화하는 조치를 취하자 중국 각지에서 대규모 반일 시위가 일어남. 시진핑이 제18차 당대회를 거쳐 총서기 및 중앙군사위원회 주석에 취임. 취임 직후 연설에서 '중국의 꿈'을 제창. 반부패 캠페인 개시
2013	신공민운동이 확대되어 당국이 단속을 추진함. 시진핑이 국가주석에 취임. 신지도부 출범. 외교노선으로서 '주변 외교' 제창. 동중국해에 방공식별구역 설정
2014	쉬차이허우(徐才厚)와 저우융캉(周永康)이 수뢰 등의 혐의로 적발됨. 스프래틀리(난사제도) 매립이 국제 문제로 부상. 홍콩에서 우산혁명 발발. 시진핑이 베이징 APEC 정상회담에서 일본 아베 신조 총리와 처음으로 회담을 가짐
2015	시진핑이 국가주석이 된 후 처음으로 미국을 방문. '세계 반파시즘 전쟁 승리 70주년' 캠페인 개시. 시진핑이 타이완의 마잉주 총통과 회담. 일본에서 중국인들이 폭발적인 구매력을 행사함
2016	타이완 총통 선거에서 차이잉원이 당선. '해외 NGO 국내 활동 관리법' 수립. 남중국해 문제를 둘러싸고 필리핀이 제소한 재판에서 헤이그의 중재재판소가 중국의 주장과 반대되는 판결을 내림. 중국공산당이 시진핑을 공식적으로 '핵심'이라고 부르기 시작함. 미국 대통령선거에서 승리한 도널드 트럼프가 타이완의 차이잉원과 전화 회담을 가짐
2017	시진핑이 미국을 방문해 미국 트럼프 대통령과 처음으로 회담을 가짐. 중국공산당 제19차 당대회 개최. 시진핑 총서기의 연임이 확정됨. 미국 트럼프 대통령이 중국을 방문해 시진핑 국가주석과 회담을 가짐
2021	중국공산당 창당 100주년: '소강사회의 전면적 실현'을 목표로 제기
2049	중화인민공화국 건국 100주년: '번영되고 강력하고 민주적이고 문명적인 조화로운 사회주의 현대화 국가 건설', '중화민족의 위대한 부흥'을 목표로 제기

역자 후기

중국공산당은 중국 인민의 행복을 도모하는 정당이자 인류의 진보를 위해 분투하는 정당이다. 중국공산당은 시종일관 인류를 위해 새롭고 커다란 공헌을 하는 것을 자신의 사명으로 삼아왔다. …… 우리는 현실이 복잡하다고 해서 꿈을 포기할 수 없으며, 이상이 요원하다고 해서 이상을 추구하는 것을 포기할 수 없다. 그 어떤 국가도 독자적으로는 인류가 직면한 각종 도전에 대처할 수 없으며 …… 우리는 각국 인민이 한마음으로 협력해 인류 운명 공동체를 구축하고, 영구적 평화·보편적 안전·공동의 번영·개방적 포용·깨끗하고 아름다운 세계를 건설할 것을 호소한다.

—2017년 10월 18일 시진핑, "소강 사회의 전면적 건설에서 승리하고, 신시대 중국 특색 사회주의의 대승리를 쟁취하자(決勝全面建成小康社會 奪取新時代中國特色社會主義偉大勝利)"

2012년 11월 중국공산당 제18차 당대회가 개최되어 시진핑이 중국공산당 총서기 및 중앙군사위원회 주석으로 추대되기 직전, 필자는 이러한 흐름을 예견하고 시진핑에 대한 책을 번역 출간한 바 있다. 그 이후 필자는 『중국의 당과 국가: 정치체제의 궤적』, 『현대 중국정치: 글로벌 강대국의 초상』, 『중일 대립: 시진핑 시대의 중국 읽기』, 『중국을 움직이는 100인: 시진핑 정권의 주요 인물들』, 『중난하이: 중국 정치와 권력의 심장부』 등을 잇달아 번역함으로써 제18차 당대회 이후 시진핑 '집권 1기'의 중국 내 정치 동향과 대외 정책, 중국 지도부의 구성 및 권력관계를 입체적으로 소개하기도 했다.

이 책은 일본의 저명한 언론인이 직접 발로 뛰며 수집한 자료와 생생한 기록을 통해 2017년 10월 중국공산당 제19차 당대회를 전후한 중국의 동향과 앞으로의 방향을 균형 잡힌 논조로 설명하고 있다. 무엇보다 제19차 당대회 이후 '집권 1기'를 성공적으로 마무리하고 '집권 2기'를 수행 중인 '시진핑 시대의 중국'을 중장기적 관점에서 조감하고 있다는 점에서 학술적·정책적으로 매우 중요한 의미를 지니고 있다. 이 책을 번역하는 과정에서는 표기의 정확성을 중시하면서도 독자들이 명료하고 쉽게 이해할 수 있도록 용어 선택에 최대한 노력을 기울였다. 아울러 부연 설명이 필요한 부분이나 최근의 인사 변동 사항에 대해서는 역주를 추가함으로써 독자들의 이해를 돕고자 했다.

어려운 여건 속에서도 이 책이 세상에 나올 수 있도록 지원해준 한울엠플러스(주)의 김종수 사장님을 비롯한 모든 분께 진심으로 감사를 전한다. 아울러 이 책의 번역·출간은 국제정치 및 중국정치 연구에 천착하고 있는 필자가 미국과 일본 등의 연구자들로부터 많은 도움과 격려를 받았기에 가능했음을 밝혀둔다.

2018년 12월

이용빈

지은이

하야시 노조무(林望)

1972년 일본 나가노현 출생. 도쿄외국어대학 중국어학과 졸업. ≪시나노마이니치신문(信農毎日新聞)≫과 ≪인민중국잡지사(人民中國雜誌社)≫에서 근무했으며, 마이니치신문사(每日新聞社)에서는 홍콩 지국장, 광저우 지국장 등 중국 특파원으로서 중국의 정치·사회 분야의 취재를 담당했다. 미국 전략국제문제연구소(CSIS)의 객원연구원을 역임한 바 있다.

옮긴이

이용빈

인도 국방연구원(IDSA) 객원연구원 역임
이스라엘 크네세트, 미국 국무부, 일본 게이오대학 초청 방문
중국 시베이대학(西北大學) 중동연구소 초청 강연
중국공산당 중앙당교, 타이완국립정치대학, 홍콩중문대학 학술 방문
중국 '시진핑 모델(習近平模式)' 전문가위원회 위원(2014.11~)
한반도아시아국제관계연구회 연구원(창립 의장)
홍콩국제문제연구소 연구원
역서: 『시진핑』, 『중국의 당과 국가: 정치체제의 궤적』, 『현대 중국정치: 글로벌 강대국의 초상』, 『마오쩌둥과 덩샤오핑의 백년대계: 중국군의 핵·해양·우주전략을 독해한다』, 『중국인민해방군의 실력: 구조와 현실』, 『현대 중국의 정치와 관료제』, 『사오위린 대사의 한국 외교 회고록: 중화민국과 한국의 근대 관계사』(공역) 외

시진핑의 중국
100년의 꿈과 현실

지은이 ｜ 하야시 노조무
옮긴이 ｜ 이용빈
펴낸이 ｜ 김종수
펴낸곳 ｜ 한울엠플러스(주)
편집 ｜ 신순남

초판 1쇄 인쇄 ｜ 2018년 12월 28일
초판 1쇄 발행 ｜ 2019년 1월 10일

주소 ｜ 10881 경기도 파주시 광인사길 153 한울시소빌딩 3층
전화 ｜ 031-955-0655
팩스 ｜ 031-955-0656
홈페이지 ｜ www.hanulmplus.kr
등록번호 ｜ 제406-2015-000143호

Printed in Korea.
ISBN 978-89-460-6596-3 03340